Inhaltsverzeichnis

Vorwort

Dieser Band enthält 30 Lesespurfiguren zu spannenden Themen aus der Lebenswelt der Grundschulkinder. Die motivierenden Punkterätsel mit den dazugehörigen Leseaufgaben in zwei Differenzierungsstufen können im Regelunterricht, während der Freiarbeit, im Förderunterricht, als Hausaufgabe oder einfach zwischendurch eingesetzt werden.

Für ein erfolgreiches Lernen in allen Fächern ist es wichtig, dass die Kinder gut und flüssig lesen können. Nur dadurch können sie das Erlesene wahrnehmen und verstehen. Vielen Kindern fällt das aber mittlerweile schwer. Auch für Leseanfänger und für DaZ-Kinder ist der Start in die Welt des Lesens nicht immer einfach. Diese Lesespurfiguren sind hierbei eine willkommene und äußerst motivierende Abwechslung. Die Aufgabenblätter sind so gestaltet, dass sie Ihre Schüler[1] zum Lesen motivieren und den Spaß am Lesen aufbauen und erhalten. Zunächst müssen die Schüler den kurzen Text aufmerksam lesen. Anschließend können sie die einzelnen Nomen unterstreichen und im Anschluss die Bildpunkte in der richtigen Reihenfolge verbinden, sodass eine zur Geschichte passende Figur entsteht. Auf diese Weise kontrollieren sie selbstständig, ob sie alles richtig gelesen und so die Aufgabe richtig gelöst haben. Für die unterschiedlichen Leistungsniveaus in Ihrer Klasse stehen zwei Differenzierungsstufen zur Verfügung. In Stufe 1 haben die Kinder einen ganzen Text vor sich, in dem sie die einzelnen Nomen erlesen und unterstreichen müssen. Danach müssen die Bildpunkte in der richtigen Reihenfolge verbunden werden. In Stufe 2 müssen nur die einzelnen Nomen erlesen werden, die zu den entsprechenden Bildpunkten gehören. Die Schüler müssen die zu den Wörtern passenden Bilder finden, nummerieren und anschließend in der richtigen Reihenfolge miteinander verbinden. Es bietet sich an, eine Geschichte gemeinsam mit der Klasse zu bearbeiten, um zu zeigen, wie das Ganze funktioniert und um darauf aufmerksam zu machen, wie wichtig es ist, die relevanten Wörter (Nomen) herauszufinden und zu unterstreichen.

Damit es den Kindern leichter fällt, den Beginn einer Lesespurfigur zu finden, ist die Startillustration immer besonders hervorgehoben:

Manchmal lässt es sich leider nicht vermeiden, dass eine Illustration (z. B. „die Kinder") in einer Geschichte doppelt auftaucht. Damit die Lese-Reihenfolge hier eindeutig ist, finden Sie und Ihre Schüler neben der Illustration eine kleine Nummerierung.
Besonders schwer als Illustration darzustellende Textbestandteile im Werk (z. B. „die Flut") werden zusätzlich zur Illustration mit einem danebenstehenden Wort erklärt.
Vor der Bearbeitung sollten Sie die Aufgabenblätter sichten und je nach Leistungsstand Ihrer Klasse diese und weitere Besonderheiten oder Stolpersteine mit den Kindern besprechen.
Nun kann der Lesespaß losgehen!

Viel Freude mit den Lesespurfiguren wünscht Ihnen und Ihrer Klasse

Christine von Pufendorf

---

[1] Aufgrund der besseren Lesbarkeit ist in diesem Buch mit Schüler auch immer Schülerin gemeint, ebenso verhält es sich mit Lehrer und Lehrerin etc.

Christine von Pufendorf: Leseförderung mit Lesespurfiguren
© Auer Verlag

Christine von Pufendorf

Leseförderung mit Lesespurfiguren

Differenzierte Leseblätter für die Klassen 1 bis 4 – ideal für Leseanfänger und Leseschwache

GRATIS-DOWNLOADS
für das Fach Deutsch

Sichern Sie sich eine kostenlose
Lesespurgeschichte für den
Deutschunterricht!

GRATIS !

Download der Gratis-Materialien unter
www.auer-verlag.de/07446DK1

2. Auflage 2021
© 2019 Auer Verlag, Augsburg
AAP Lehrerwelt GmbH
Alle Rechte vorbehalten.

Covergestaltung: permat design, Caro Dentler
Umschlagfoto: Lesespurfigur aus dem Innenteil – mit Illustrationen von Kristina Klotz, Istock: #875707030, Urheber: Jobalou
Illustrationen: Kristina Klotz
Satz: fotosatz griesheim GmbH
Druck und Bindung: Himmer GmbH, Augsburg
ISBN 978-3-403-08415-0

www.auer-verlag.de

1. Im Wald

Name:

_____

 Lies dir den Text genau durch. Unterstreiche alle Nomen (Namenwörter).
Verbinde die Bilder in der Reihenfolge der gelesenen Nomen mit einem Lineal.

Die Kinder rennen über ein Feld in den Wald. Sie wollen Tiere beobachten.
Dort hinter dem Felsen steht ein Wildschwein! Aber das Laub unter ihren Füßen
raschelt zu laut. Ein Fuchs versteckt sich im Gebüsch. Sie gelangen an einen
Wasserfall. Am Fluss wollen sie ein Baumhaus bauen. Sie binden dicke Äste
zusammen. Endlich fertig, holen sie eine Wasserflasche und Brote aus ihrem
Rucksack. Plötzlich sehen sie einen Hirsch und zwei Rehe, die Wasser trinken. Nina
hat ihren Fotoapparat dabei. Leise holt sie ihn aus ihrer Jacke und macht ein Foto.

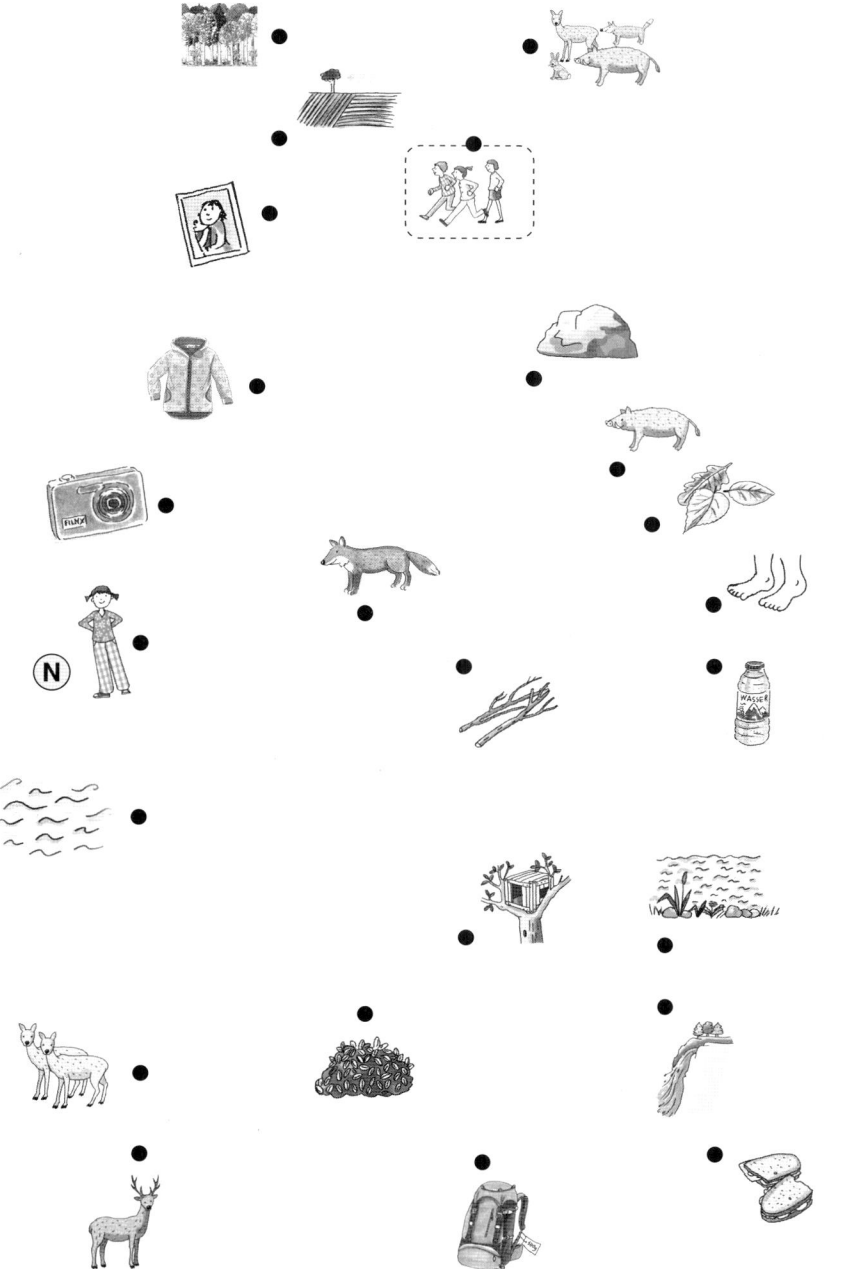

1. Im Wald

Name:

_____

Lies dir die Wörter der Reihe nach durch.
Schreibe die Nummer unten zum richtigen Bild.
Verbinde nun die Bilder mit einem Lineal in der richtigen Reihenfolge.

1. die Kinder	**2.** das Feld	**3.** der Wald	**4.** die Tiere
5. der Felsen	**6.** das Wildschwein	**7.** das Laub	**8.** die Füße
9. der Fuchs	**10.** das Gebüsch	**11.** der Wasserfall	**12.** der Fluss
13. das Baumhaus	**14.** die Äste	**15.** die Wasserflasche	**16.** die Brote
17. der Rucksack	**18.** der Hirsch	**19.** die Rehe	**20.** das Wasser
21. Nina	**22.** der Fotoapparat	**23.** die Jacke	**24.** das Foto

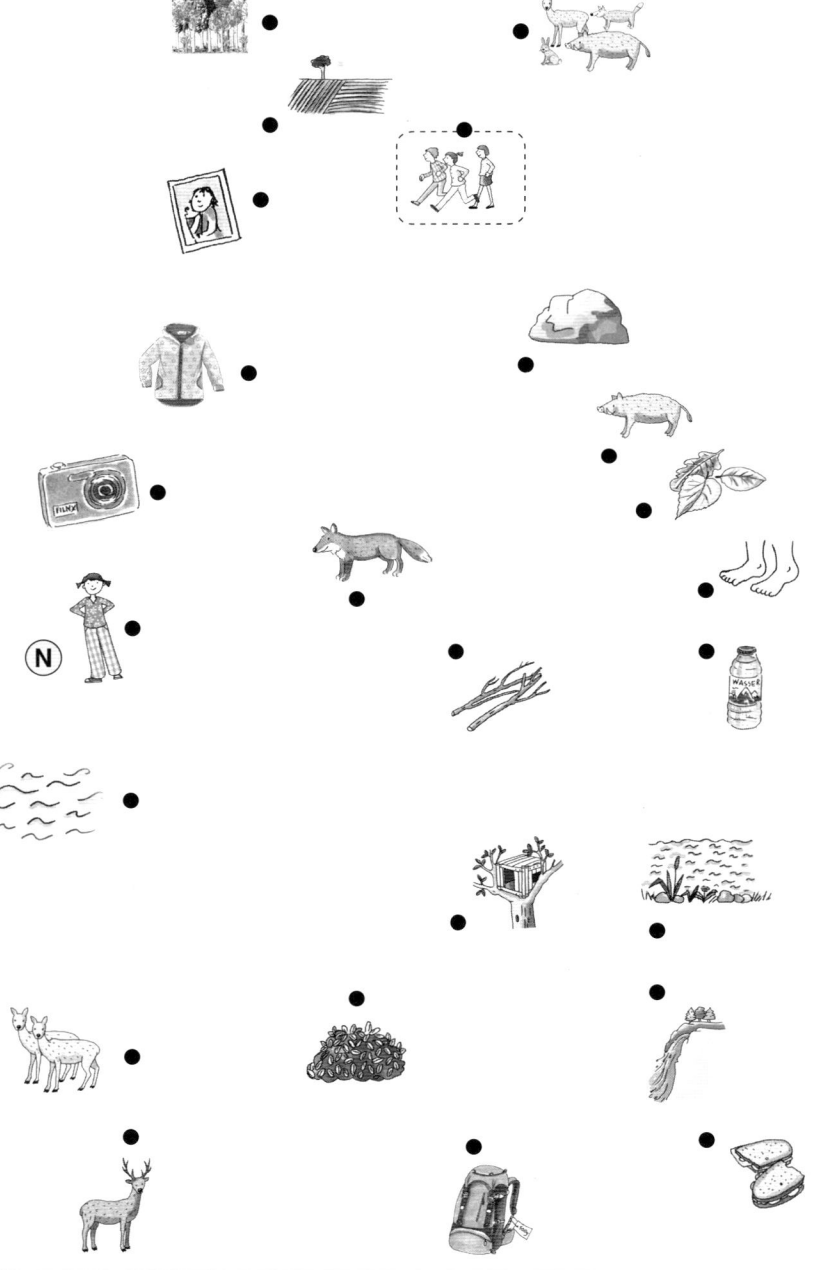

Christine von Pufendorf: Leseförderung mit Lesespurfiguren
© Auer Verlag

2. Im Herbst

Name: ______________________

Lies dir den Text genau durch. Unterstreiche alle Nomen (Namenwörter). Verbinde die Bilder in der Reihenfolge der gelesenen Nomen mit einem Lineal.

Die Blätter werden bunt und fallen von den Bäumen. Die Äpfel sind jetzt reif und süß. Mama sammelt das Laub mit einer Harke auf einen Haufen, um daraus ein Feuer zu machen. Die Kinder spielen zusammen und verstecken sich. Theresa sucht Marlene überall, aber sie hat sich so gut hinter einem Holzschuppen versteckt, dass keiner sie findet. Plötzlich entdeckt sie unter dem Brennholz einen Igel. Er ist hungrig und sucht Schnecken und Regenwürmer. Die Kinder holen einen Karton. Sie wollen ihm ein Haus bauen. Mit der Schere schneiden sie eine Tür und ein Fenster hinein.

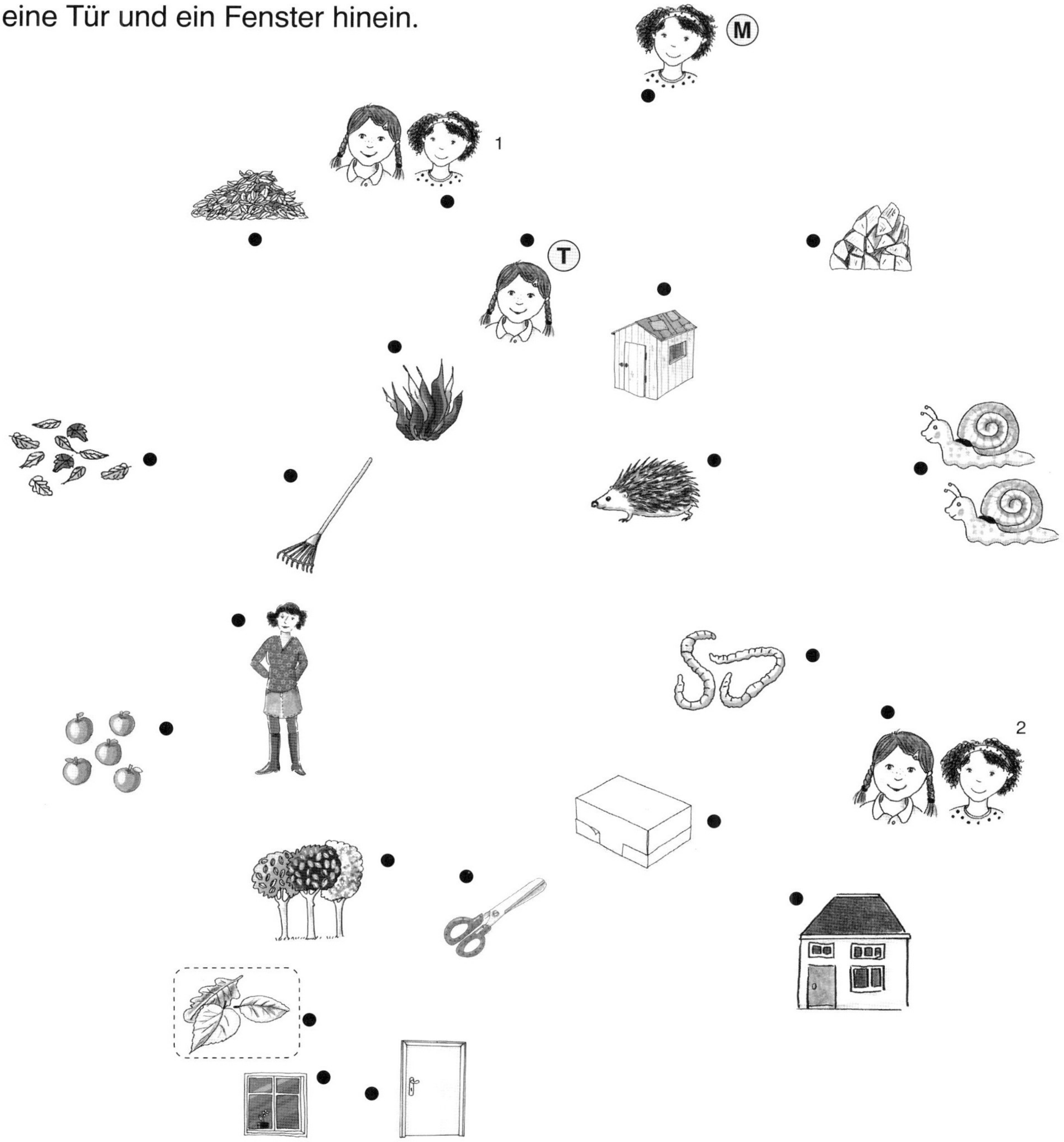

2. Im Herbst

Lies dir die Wörter der Reihe nach durch.
Schreibe die Nummer unten zum richtigen Bild.
Verbinde nun die Bilder mit einem Lineal in der richtigen Reihenfolge.

1. die Blätter	**2.** die Bäume	**3.** die Äpfel	**4.** Mama
5. das Laub	**6.** die Harke	**7.** der Haufen	**8.** das Feuer
9. die Kinder	**10.** Theresa	**11.** Marlene	**12.** der Holzschuppen
13. das Brennholz	**14.** der Igel	**15.** die Schnecken	**16.** die Regenwürmer
17. die Kinder	**18.** der Karton	**19.** das Haus	**20.** die Schere
21. die Tür	**22.** das Fenster		

Christine von Pufendorf: Leseförderung mit Lesespurfiguren
© Auer Verlag

3. Ein regnerischer Tag

Name:

Lies dir den Text genau durch. Unterstreiche alle Nomen (Namenwörter).
Verbinde die Bilder in der Reihenfolge der gelesenen Nomen mit einem Lineal.

Es regnet. Max schaut aus dem Fenster. Er beobachtet zwei Vögel, die auf einem Baum sitzen. Gelangweilt schaut er auf die Uhr. Es ist erst zwei. Er will auf den Spielplatz. Mama erlaubt es, wenn er sich gut anzieht. Max geht die Treppe hinunter in den Keller und holt alles, was er braucht. Zuerst zieht er seine Regenhose und die Regenjacke an. Jetzt fehlen ihm noch die Gummistiefel. Endlich ist er fertig und rennt zur Haustür hinaus. Er geht zu seinem Freund Tim und fragt ihn, ob er mitkommt. Auch der zieht seine Regensachen an. Er nimmt noch seinen Regenschirm mit. Unterwegs hüpfen sie in jede Pfütze. Plötzlich sehen sie, dass der Weg gesperrt ist. Ein Bagger gräbt ein riesiges Loch. Dort wird ein Haus gebaut. Die beiden Jungen wollen nun nicht mehr weiter. Lieber wollen sie die Bauarbeiter beobachten.

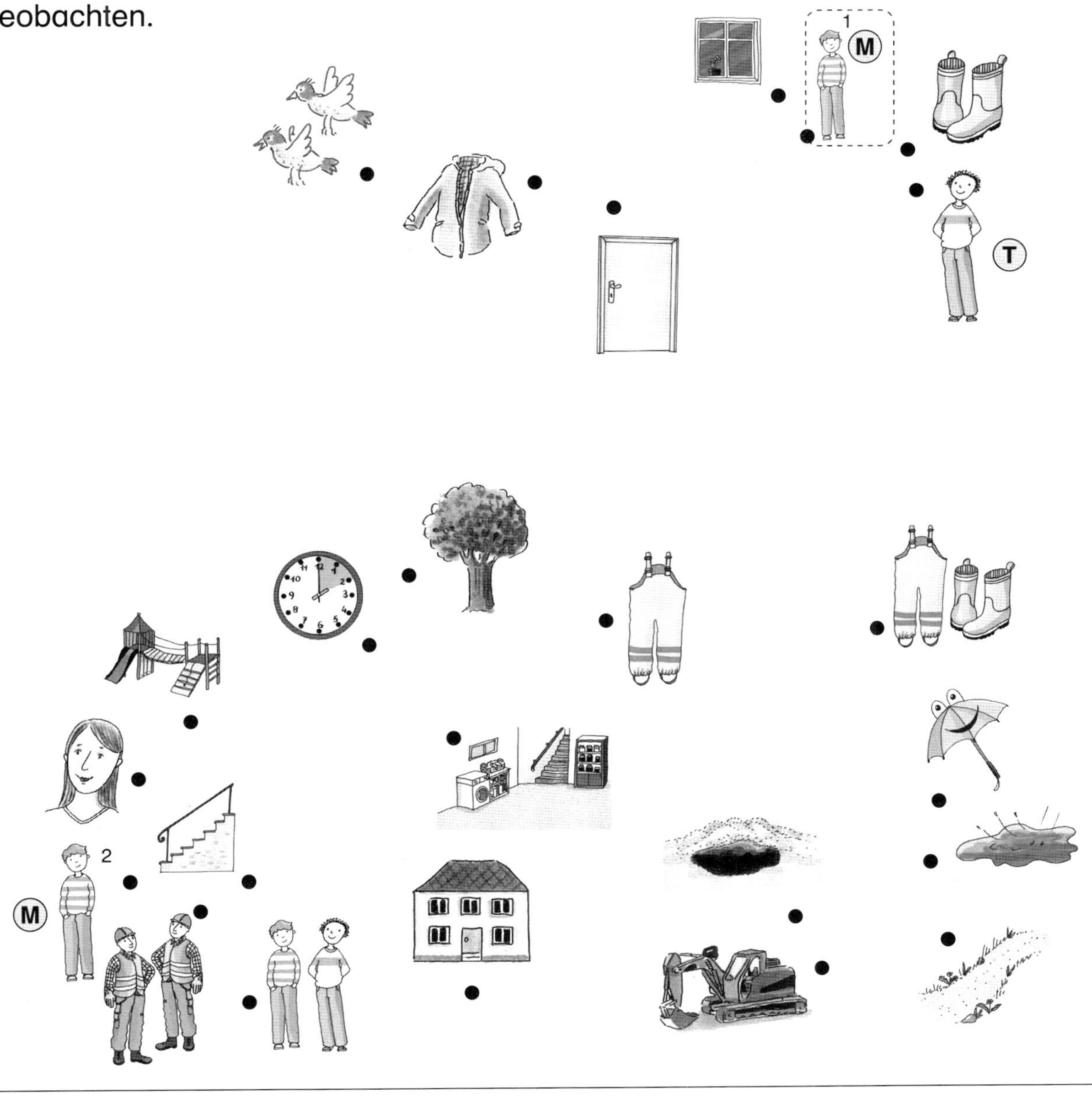

Name:

Lies dir die Wörter der Reihe nach durch.
Schreibe die Nummer unten zum richtigen Bild.
Verbinde nun die Bilder mit einem Lineal in der richtigen Reihenfolge.

1. Max	**2.** das Fenster	**3.** zwei Vögel	**4.** der Baum
5. die Uhr	**6.** der Spielplatz	**7.** Mama	**8.** Max
9. die Treppe	**10.** der Keller	**11.** die Regenhose	**12.** die Regenjacke
13. die Gummistiefel	**14.** die Haustür	**15.** Tim	**16.** die Regensachen
17. der Regenschirm	**18.** die Pfütze	**19.** der Weg	**20.** der Bagger
21. das Loch	**22.** das Haus	**23.** die Jungen	**24.** die Bauarbeiter

Christine von Pufendorf: Leseförderung mit Lesespurfiguren
© Auer Verlag

Name:

 Lies dir den Text genau durch. Unterstreiche alle Nomen (Namenwörter).
Verbinde die Bilder in der Reihenfolge der gelesenen Nomen mit einem Lineal.

Nike und Lia sind mit Mama und Papa am Meer. Sie wollen eine Watt-
wanderung machen. Ausgerüstet mit Gummistiefeln kommen sie zum Parkplatz.
Der Wattführer wartet bereits auf sie. Er trägt kurze Hosen und ein T-Shirt. An
den Füßen trägt er nichts. Die Familie soll die Schuhe und die Socken auch gleich
wieder ausziehen und im Auto lassen. Dann geht es los. Nach ein paar 100 Metern
dreht der Wattführer eine Schaufel in den Sand und holt sie wieder heraus. Nun
sehen sie einen Wattwurm und Muscheln. Sie entdecken noch vieles mehr und
beobachten die Möwen, die umherfliegen und laut schreien. Plötzlich kreischt Lia
auf. Eine kleine Krabbe läuft ihr über den Fuß. Langsam setzt die Flut ein und sie
müssen zurück.

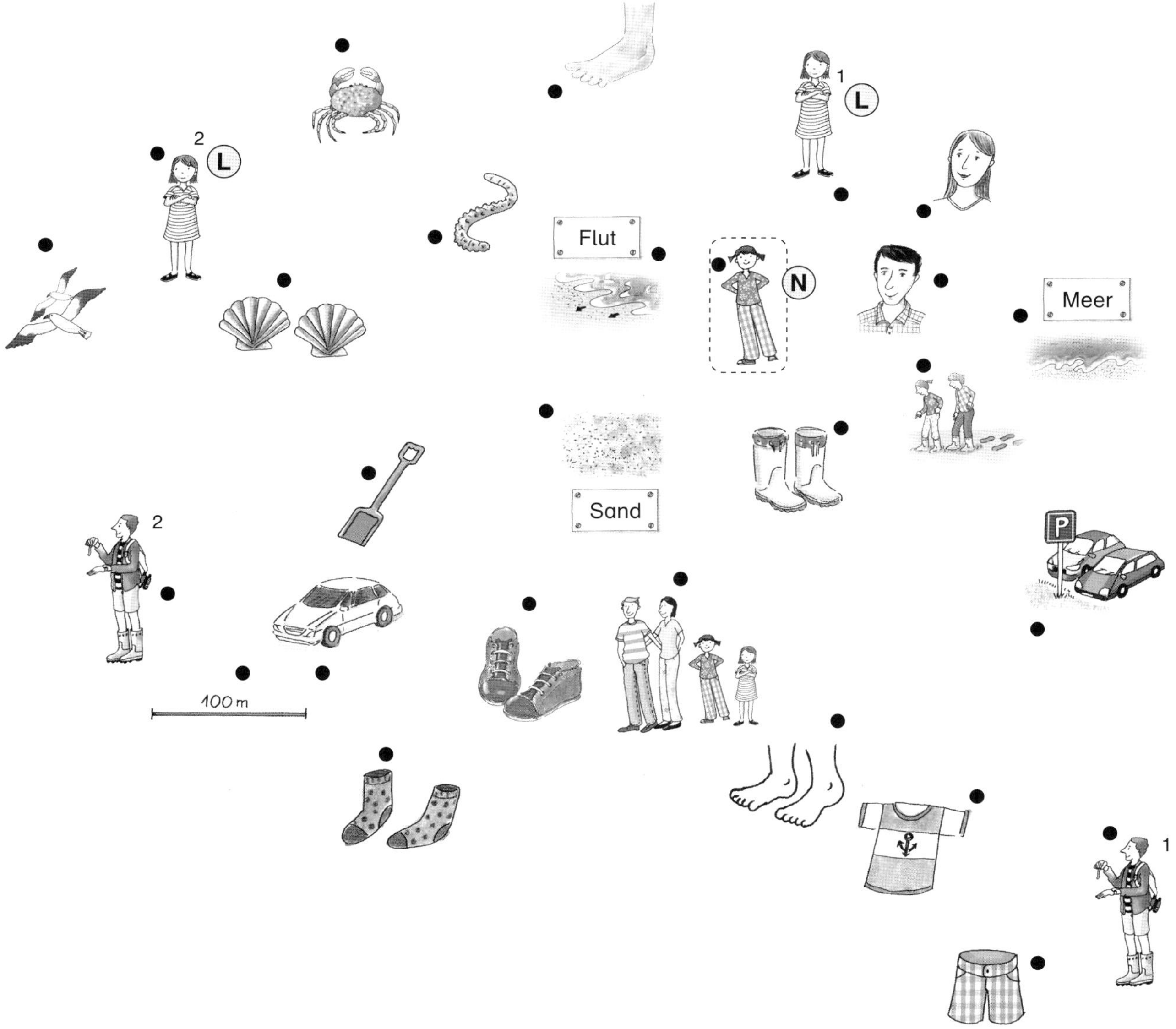

Flut

Meer

Sand

100 m

4. Die Wattwanderung

Name:
_____

Lies dir die Wörter der Reihe nach durch.
Schreibe die Nummer unten zum richtigen Bild.
Verbinde nun die Bilder mit einem Lineal in der richtigen Reihenfolge.

1. Nike
2. Lia
3. Mama
4. Papa

5. das Meer
6. die Wattwanderung
7. die Gummistiefel
8. der Parkplatz

9. der Wattführer
10. die kurze Hose
11. das T-Shirt
12. die Füße

13. die Familie
14. die Schuhe
15. die Socken
16. das Auto

17. 100 Meter
18. der Wattführer
19. die Schaufel
20. der Sand

21. der Wattwurm
22. die Muscheln
23. die Möwen
24. Lia

25. die Krabbe
26. der Fuß
27. die Flut

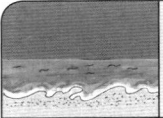

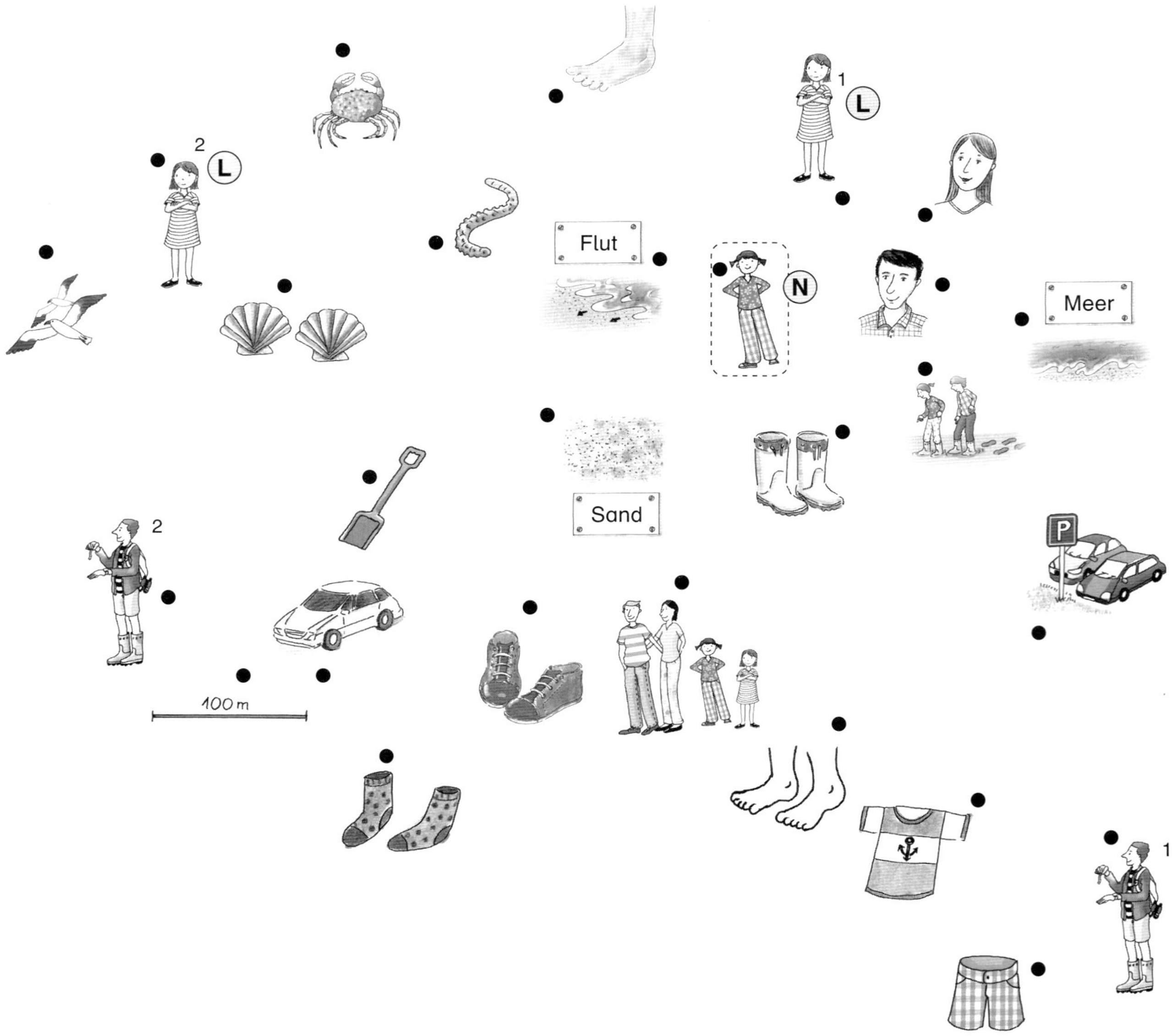

Flut

Meer

Sand

100 m

Christine von Pufendorf: Leseförderung mit Lesespurfiguren
© Auer Verlag

5. Fußspuren im Schnee

Lies dir den Text genau durch. Unterstreiche alle Nomen (Namenwörter).
Verbinde die Bilder in der Reihenfolge der gelesenen Nomen mit einem Lineal.

Es hat geschneit. Frischer Schnee liegt im Garten. Franz und Ida ziehen sich ihre
Skihosen, die Skijacken und ihre Mützen an und rennen zum großen Tannenbaum.
Dort bauen sie einen Schneemann. Er trägt einen schwarzen Hut, die runden Augen
sind aus Steinen und die Nase ist eine Karotte. Außerdem trägt er einen Umhang.
Ein bisschen sieht er aus wie ein Zauberer. Es ist schon spät, als die Kinder fertig
sind. Schnell essen sie etwas und gehen ins Bett. Am nächsten Morgen ziehen sie
sich rasch an und rennen hinaus. Doch er ist weg. Im Schnee sehen sie Fußspuren,
denen sie folgen. Da entdecken sie im Garten nebenan ihren Schneemann neben
einer Schneefrau. Was ist wohl passiert?

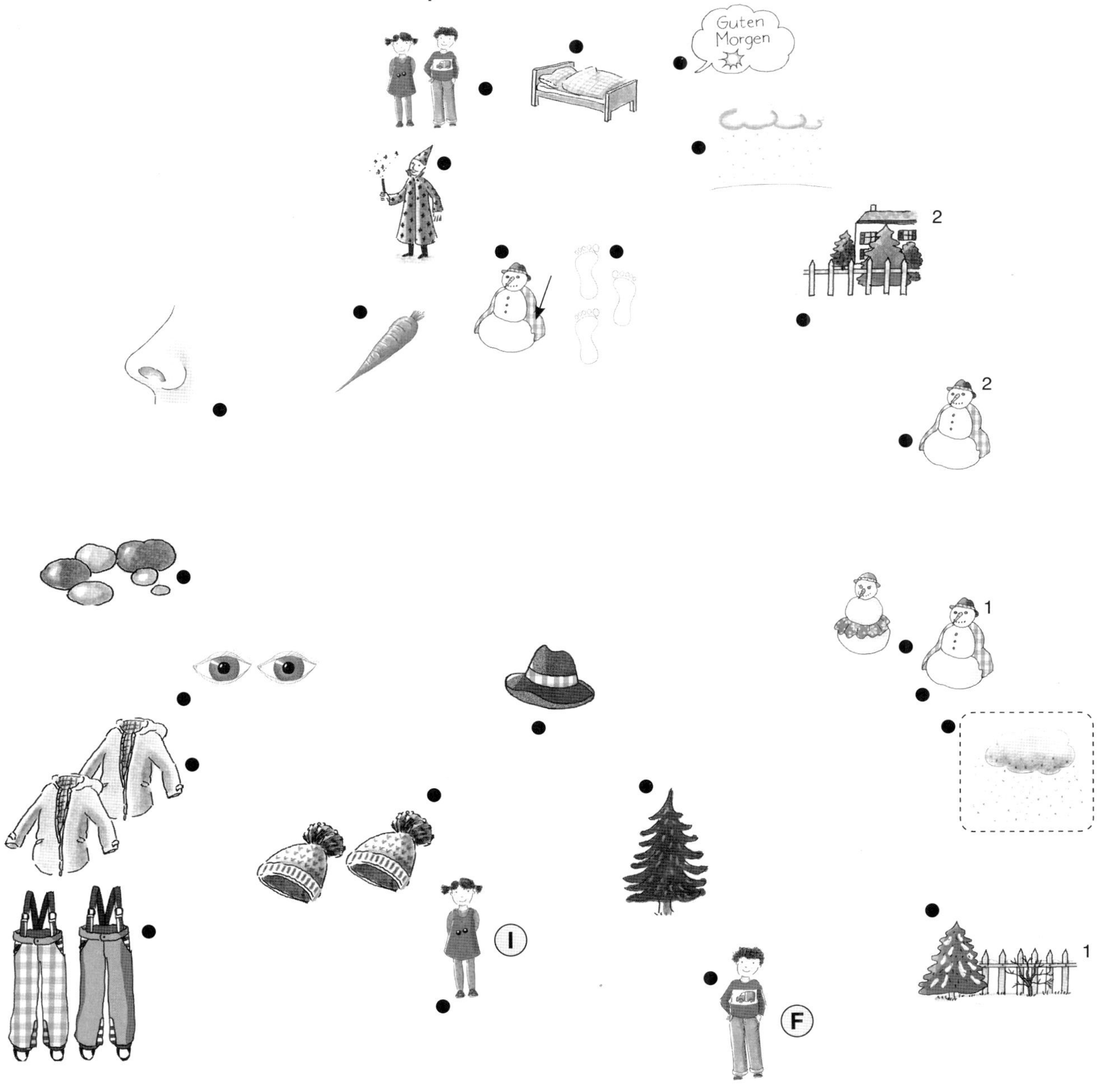

5. Fußspuren im Schnee

Lies dir die Wörter der Reihe nach durch.
Schreibe die Nummer unten zum richtigen Bild.
Verbinde nun die Bilder mit einem Lineal in der richtigen Reihenfolge.

1. der Schnee   **2.** der Garten   **3.** Franz   **4.** Ida

5. die Skihosen   **6.** die Skijacken   **7.** die Mützen   **8.** der Tannenbaum

9. der Schneemann **10.** der Hut   **11.** die Augen   **12.** die Steine

13. die Nase   **14.** die Karotte   **15.** der Umhang **16.** der Zauberer

17. die Kinder   **18.** das Bett   **19.** der Morgen **20.** der Schnee

21. die Fußspuren **22.** der Garten   **23.** der Schneemann **24.** die Schneefrau

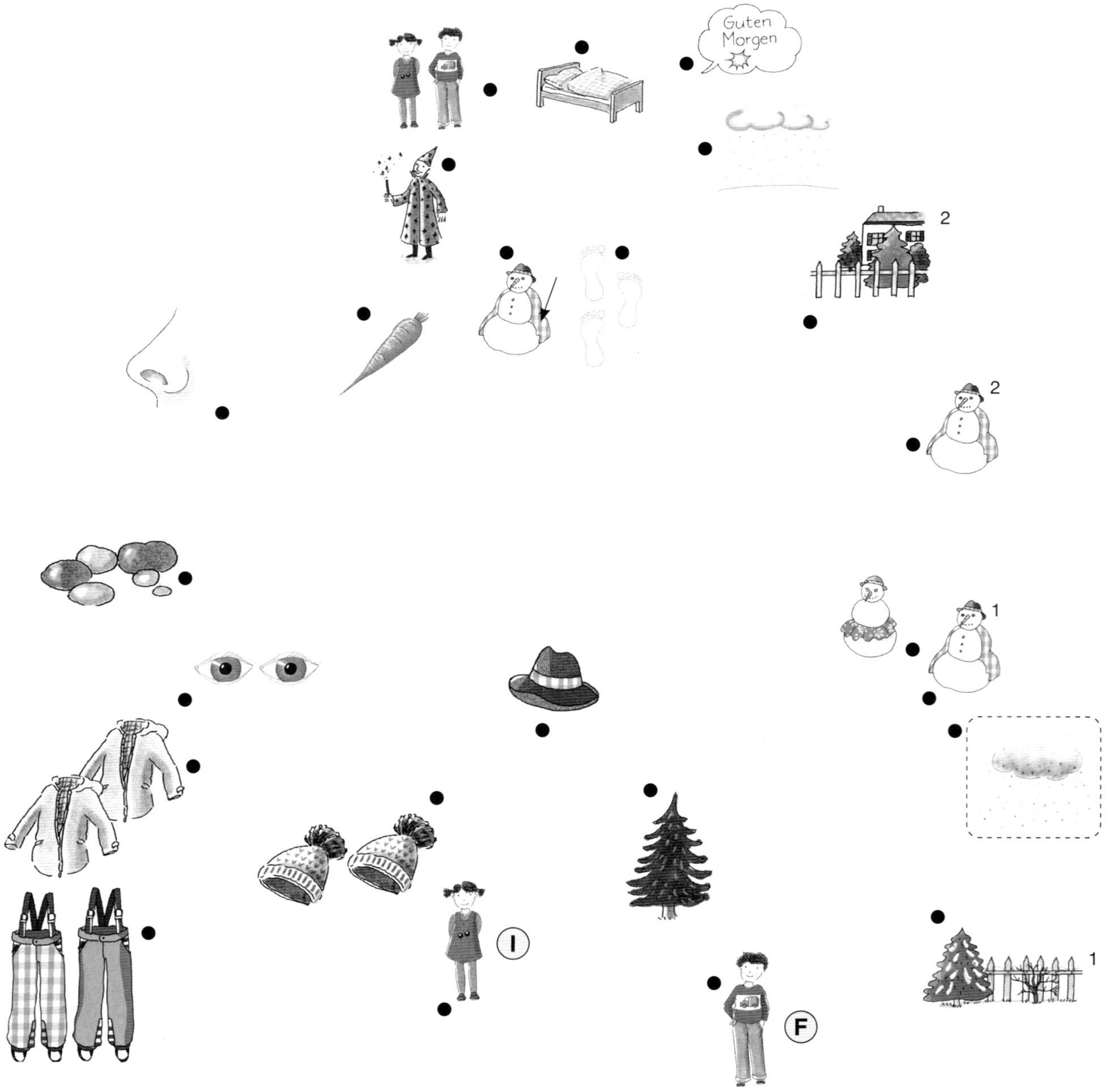

Christine von Pufendorf: Leseförderung mit Lesespurfiguren
© Auer Verlag

6. Der Dieb

Name:

_____

Lies dir den Text genau durch. Unterstreiche alle Nomen (Namenwörter).
Verbinde die Bilder in der Reihenfolge der gelesenen Nomen mit einem Lineal.

Bald sind Ferien und Familie Winter will in die Berge fahren. Karl braucht neue Wanderschuhe und Anton braucht eine neue Jacke. Nach der Schule fahren sie mit dem Bus in die Stadt und steigen dort in die Straßenbahn um. In einem Restaurant treffen sie Papa und gehen mit ihm einen Hamburger essen. Ausnahmsweise dürfen sie heute eine Cola trinken. Danach geht es ins Geschäft. Dort gibt es viele Schuhe, Jacken, Pullover und vieles mehr. Karl sucht sich passende Wanderschuhe aus. Auf einmal sehen sie, wie ein Mann sich an eine Frau heranschleicht, die sich gerade Stiefel anschaut. Er versucht, ihren Geldbeutel aus der Tasche zu stehlen. Aber der Detektiv hat gut aufgepasst, fasst den Dieb und übergibt ihn der Polizei.

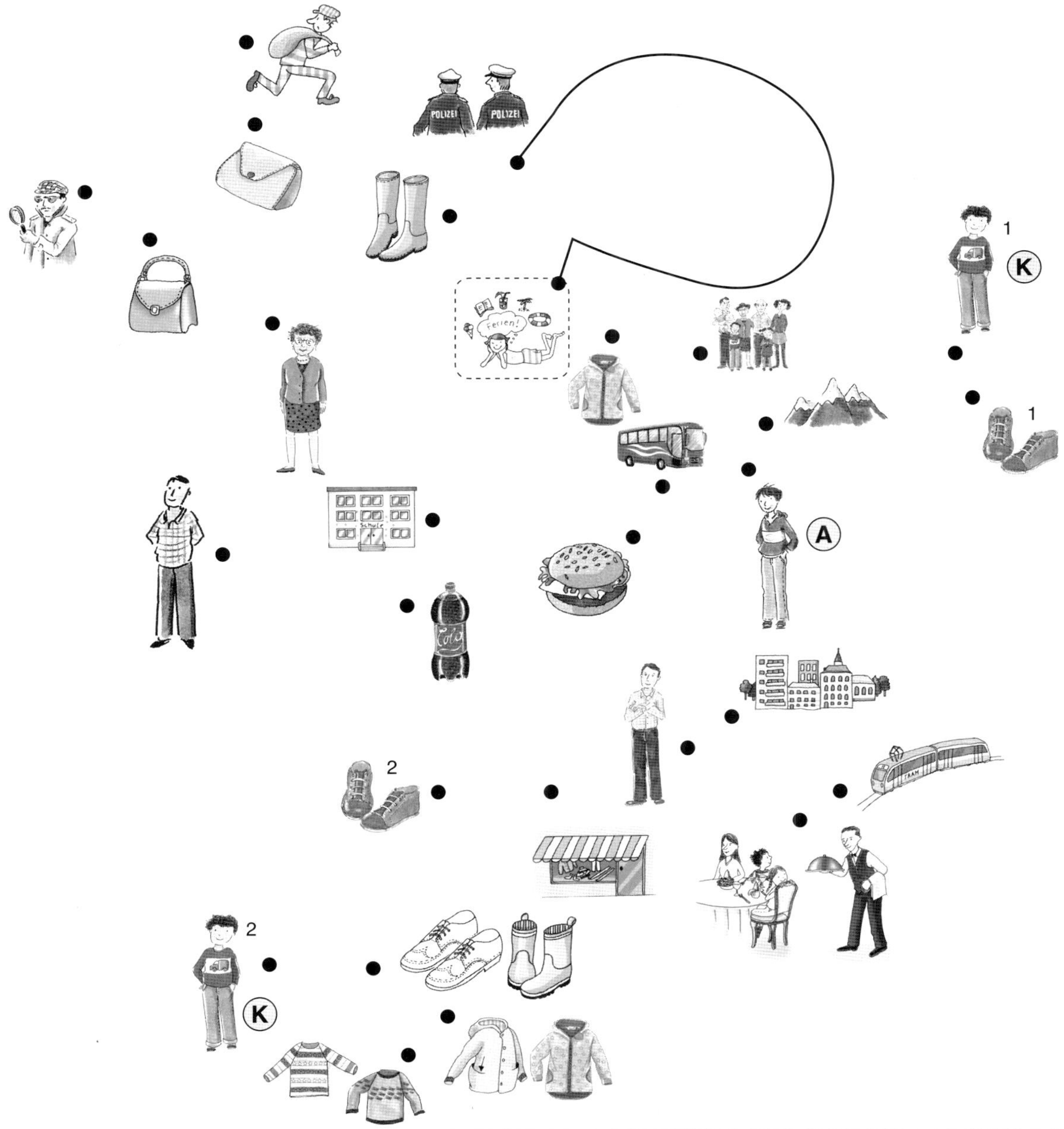

Name:

Lies dir die Wörter der Reihe nach durch.
Schreibe die Nummer unten zum richtigen Bild.
Verbinde nun die Bilder mit einem Lineal in der richtigen Reihenfolge.

1. die Ferien   **2.** Familie Winter   **3.** die Berge   **4.** Karl

5. die Wanderschuhe   **6.** Anton   **7.** die Jacke   **8.** die Schule

9. der Bus   **10.** die Stadt   **11.** die Straßenbahn   **12.** das Restaurant

13. Papa   **14.** der Hamburger   **15.** die Cola   **16.** das Geschäft

17. die Schuhe   **18.** die Jacken   **19.** der Pullover   **20.** Karl

21. die Wanderschuhe   **22.** der Mann   **23.** die Frau   **24.** die Stiefel

25. der Geldbeutel   **26.** die Tasche   **27.** der Detektiv   **28.** der Dieb

29. die Polizei

Christine von Pufendorf: Leseförderung mit Lesespurfiguren
© Auer Verlag

 Lies dir den Text genau durch. Unterstreiche alle Nomen (Namenwörter).
Verbinde die Bilder in der Reihenfolge der gelesenen Nomen mit einem Lineal.

Die Sonne scheint und Anna und Laura wollen heute an den See. Sie holen die Badetasche aus dem Keller und packen Handtücher, Badeanzug und Bikini ein. Jetzt noch Geld und eine Wasserflasche. Dann fahren sie mit dem Fahrrad los. Zuerst springen sie ins Wasser. Ist das herrlich. Hier gibt es sogar einen Sprungturm. Sie schwimmen hin, machen einen Kopfsprung hinunter und schwimmen zum Floß. Anschließend holen sie ihren Geldbeutel und gehen ein Eis essen. Gemeinsam bauen sie nun eine Sandburg. Auf einmal ziehen dunkle Wolken auf und sie sehen einen Blitz. Schnell packen sie alles zusammen und fahren mit dem Fahrrad nach Hause.

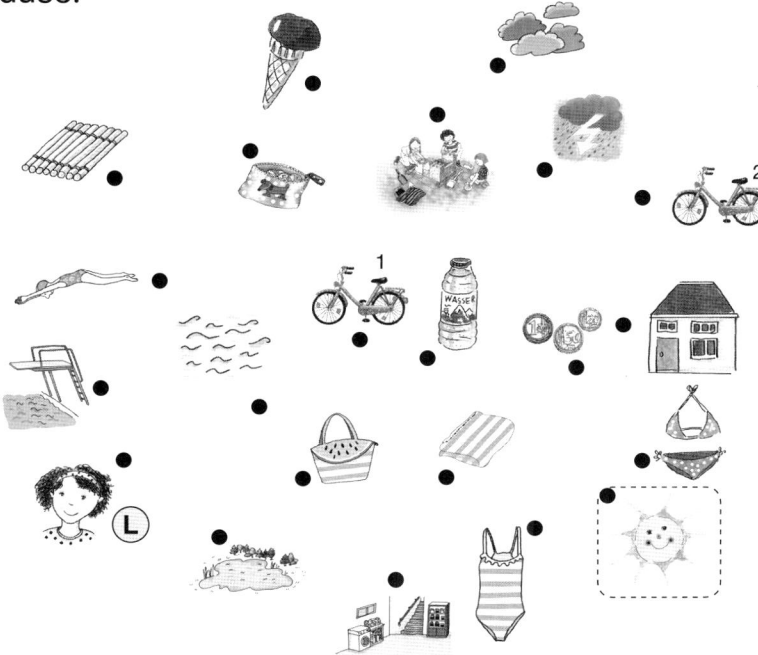

Name:

 Lies dir die Wörter der Reihe nach durch.
Schreibe die Nummer unten zum richtigen Bild.
Verbinde nun die Bilder mit einem Lineal in der richtigen Reihenfolge.

1. die Sonne	**2.** Anna	**3.** Laura	**4.** der See
5. die Badetasche	**6.** der Keller	**7.** die Handtücher	**8.** der Badeanzug
9. der Bikini	**10.** das Geld	**11.** die Wasserflasche	**12.** das Fahrrad
13. das Wasser	**14.** der Sprungturm	**15.** der Kopfsprung	**16.** das Floß
17. der Geldbeutel	**18.** das Eis	**19.** die Sandburg	**20.** die Wolken
21. der Blitz	**22.** das Fahrrad	**23.** nach Hause	

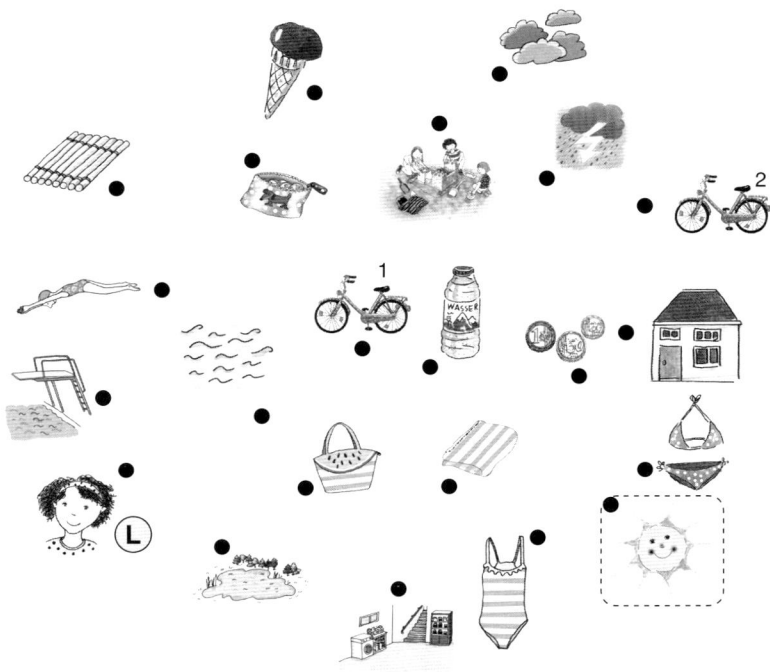

Christine von Pufendorf: Leseförderung mit Lesespurfiguren
© Auer Verlag

 Lies dir den Text genau durch. Unterstreiche alle Nomen (Namenwörter).
Verbinde die Bilder in der Reihenfolge der gelesenen Nomen mit einem Lineal.

Luca und Hamidou machen einen Ausflug mit dem Fahrrad. Nach dem langen Winter schauen sie, ob ihre Fahrräder noch in Ordnung sind. Licht, Bremse und Klingel funktionieren noch. Ein Reifen ist platt. Mit der Luftpumpe pumpen sie ihn auf. Sie holen ihre Helme und fahren los. Auf der Straße sind viele Autos. Sie müssen gut aufpassen. Endlich kommen sie zu einem Feldweg. Nun können sie nebeneinander fahren. Plötzlich fällt Luca um. Er weint schrecklich, weil er sich das Knie aufgeschlagen hat. Hamidou tröstet ihn, verarztet die Wunde und macht ein Pflaster darauf. Die beiden machen eine kleine Pause. Sie haben Äpfel und Schokolade dabei und machen damit ein Picknick. Als die Sonne untergeht, fahren sie wieder zurück.

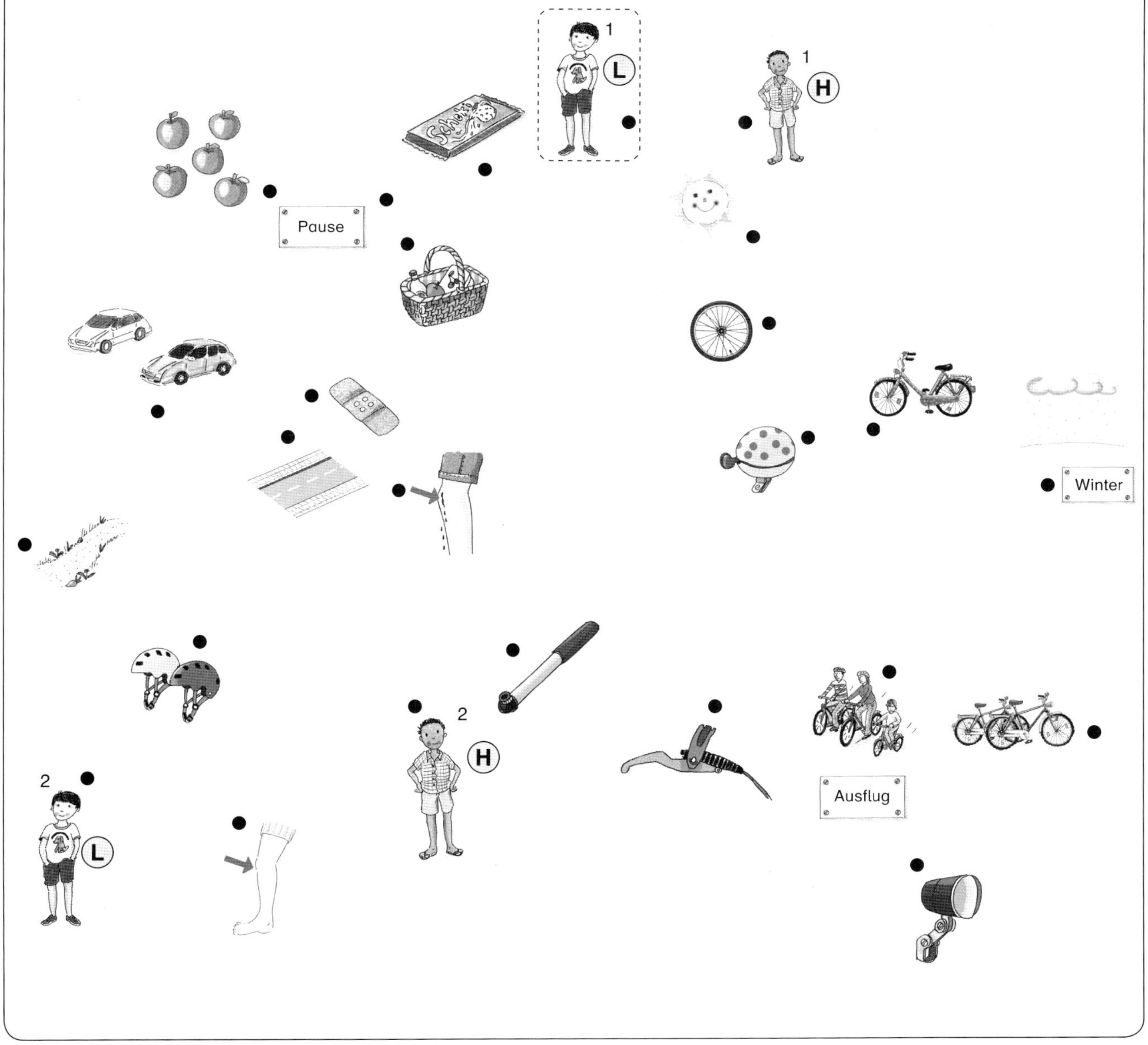

Pause

Winter

Ausflug

8. Ausflug mit dem Fahrrad

Name:

Lies dir die Wörter der Reihe nach durch.
Schreibe die Nummer unten zum richtigen Bild.
Verbinde nun die Bilder mit einem Lineal in der richtigen Reihenfolge.

1. Luca   **2.** Hamidou   **3.** der Ausflug   **4.** das Fahrrad

5. der Winter   **6.** die Fahrräder   **7.** das Licht   **8.** die Bremse

9. die Klingel   **10.** der Reifen   **11.** die Luftpumpe   **12.** die Helme

13. die Straße   **14.** die Autos   **15.** der Feldweg   **16.** Luca

17. das Knie   **18.** Hamidou   **19.** die Wunde   **20.** das Pflaster

21. die Pause   **22.** die Äpfel   **23.** die Schokolade   **24.** das Picknick

25. die Sonne

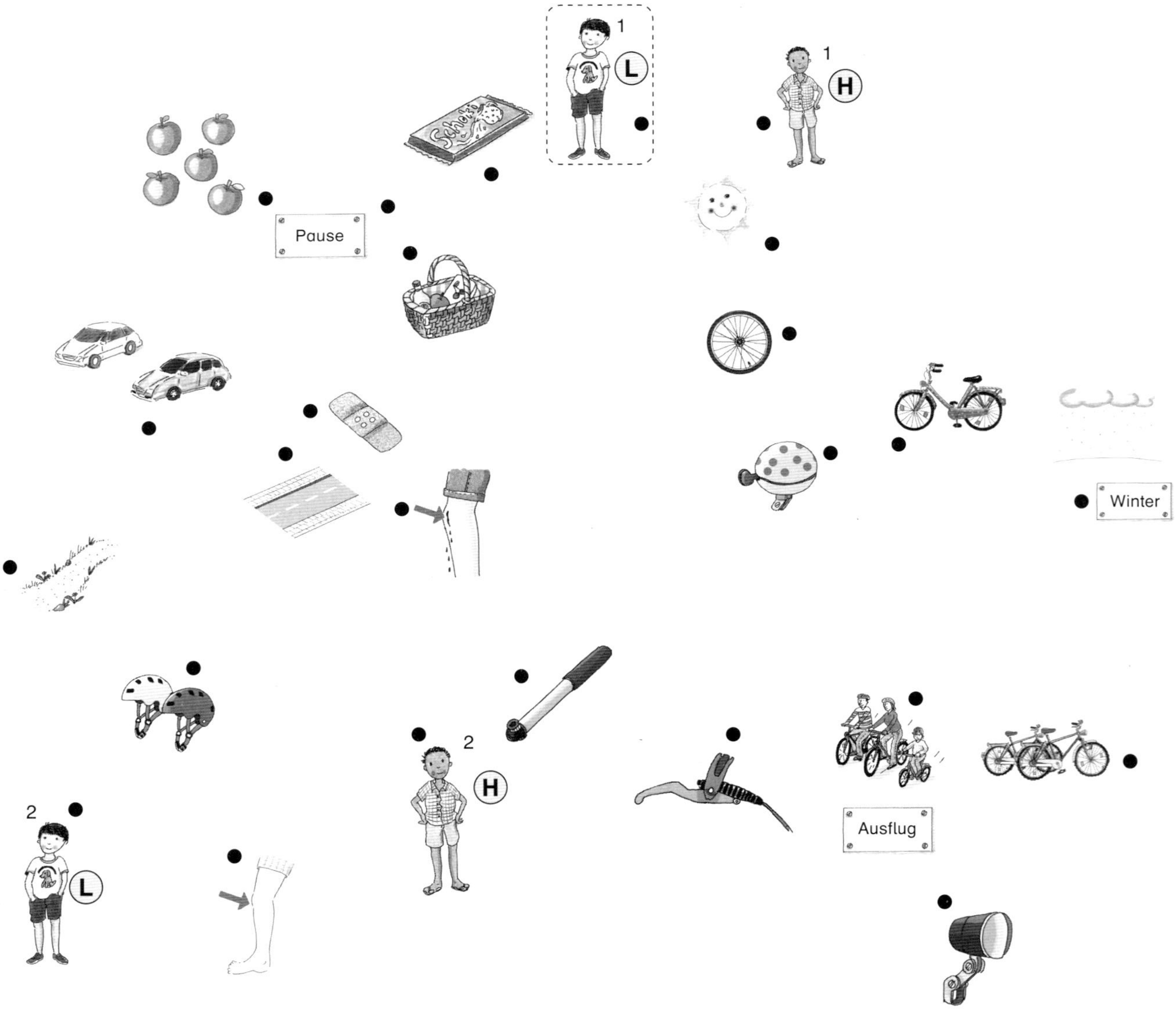

Pause

Winter

Ausflug

Christine von Pufendorf: Leseförderung mit Lesespurfiguren
© Auer Verlag

9. Die kaputte Heizung

Name:
_____

Lies dir den Text genau durch. Unterstreiche alle Nomen (Namenwörter).
Verbinde die Bilder in der Reihenfolge der gelesenen Nomen mit einem Lineal.

Die Heizung ist kaputt. Es ist sehr kalt im Haus. Familie Meier möchte ein Feuer im Kamin machen. Leider haben sie kein Holz mehr in der Kiste. Schnell ziehen sich alle ihre warmen Jacken und Winterstiefel an und gehen zum nahen Wald. Dort liegen viele Äste auf dem Boden. Jeder klemmt sich Hölzer unter den Arm und steckt sich Tannenzapfen in die Jackentasche. Zu Hause schichten sie alles in den Kamin und zünden den Holzhaufen mit einem langen Streichholz an. Langsam wird es warm. Mama holt eine Tüte mit Marshmallows aus der Küche. Diese spießen sie an lange spitze Stecken und halten sie über das Feuer. Mhm, das schmeckt fein!

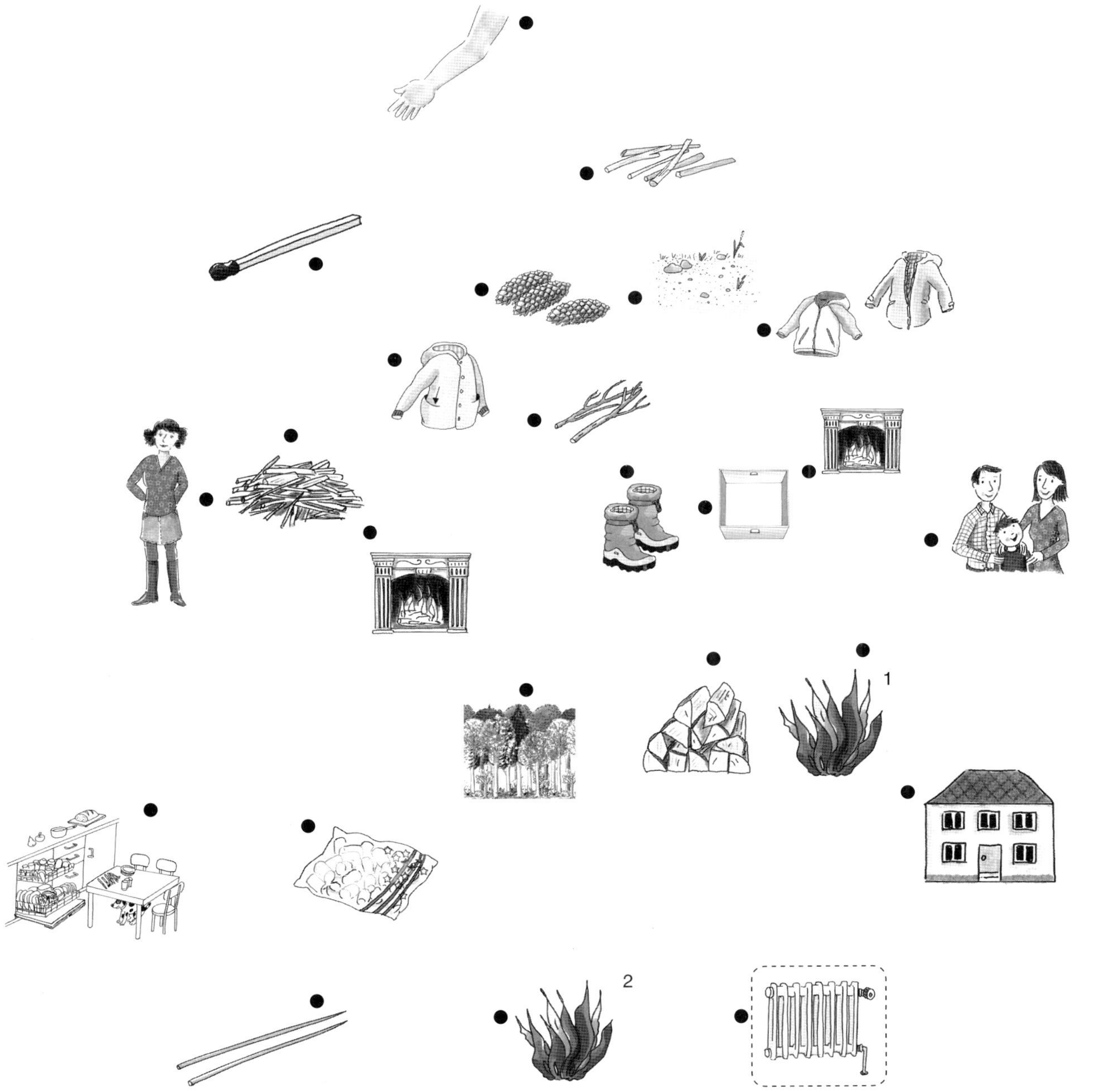

Name:
_____

 Lies dir die Wörter der Reihe nach durch.
Schreibe die Nummer unten zum richtigen Bild.
Verbinde nun die Bilder mit einem Lineal in der richtigen Reihenfolge.

1. die Heizung   **2.** das Haus   **3.** Familie Meier   **4.** das Feuer

5. der Kamin   **6.** das Holz   **7.** die Kiste   **8.** warme Jacken

9. die Winterstiefel   **10.** der Wald   **11.** die Stöcke   **12.** der Boden

13. die Hölzer   **14.** der Arm   **15.** die Tannenzapfen   **16.** die Jackentasche

17. der Kamin   **18.** der Holzhaufen   **19.** das Streichholz   **20.** Mama

21. die Tüte Marshmallows   **22.** die Küche   **23.** spitze Stecken   **24.** das Feuer

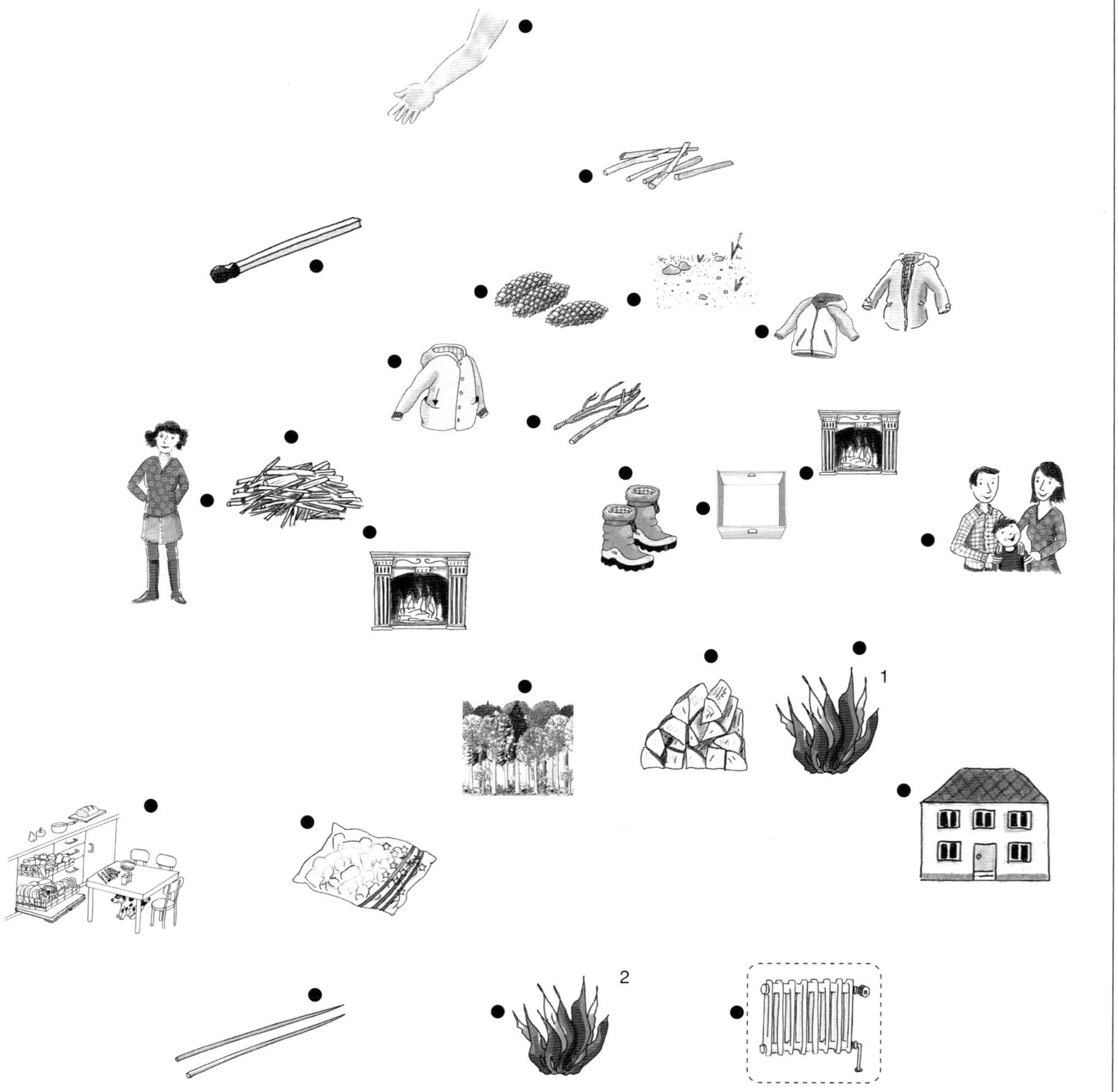

Christine von Pufendorf: Leseförderung mit Lesespurfiguren
© Auer Verlag

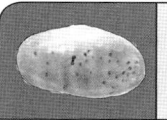
Lies dir den Text genau durch. Unterstreiche alle Nomen (Namenwörter).
Verbinde die Bilder in der Reihenfolge der gelesenen Nomen mit einem Lineal.

Es ist Frühling. Martha möchte heute in ihrem Beet arbeiten. Dazu holt sie eine
Schaufel. Mama bringt ihr noch Bohnensamen und Kartoffeln. Sie gräbt kleine
Löcher und steckt die Bohnen hinein. Dann häuft sie etwas Erde darauf und gießt
alles mit Wasser aus der Gießkanne. Papa bringt ihr einen großen Topf. Hier möchte
sie Kartoffeln anpflanzen. Sie schüttet etwas Erde hinein und steckt eine Kartoffel
hinein. Dann gießt sie alles nochmals. Nun muss sie warten und alles mit Erde
zudecken, bis nur noch eine kleine Pflanzenspitze herausschaut. Im Herbst können
sie dann einen ganzen Kartoffelsack ernten. Diese können sie dann auf dem Herd
kochen oder im Grill braten. Lecker!

Beet

Erde

2

2

Bohnen

1

Löcher

1

Erde

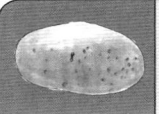

10. Gartenarbeit

Name:

 Lies dir die Wörter der Reihe nach durch.
Schreibe die Nummer unten zum richtigen Bild.
Verbinde nun die Bilder mit einem Lineal in der richtigen Reihenfolge.

1. der Frühling	**2.** Martha	**3.** das Beet	**4.** die Schaufel
5. Mama	**6.** die Bohnensamen	**7.** die Kartoffeln	**8.** die Löcher
9. die Bohnen	**10.** die Erde	**11.** das Wasser	**12.** die Gießkanne
13. Papa	**14.** der Topf	**15.** die Kartoffeln	**16.** die Erde
17. die Kartoffel	**18.** die Erde	**19.** die Pflanzenspitze	**20.** der Herbst
21. der Kartoffelsack	**22.** der Herd	**23.** der Grill	

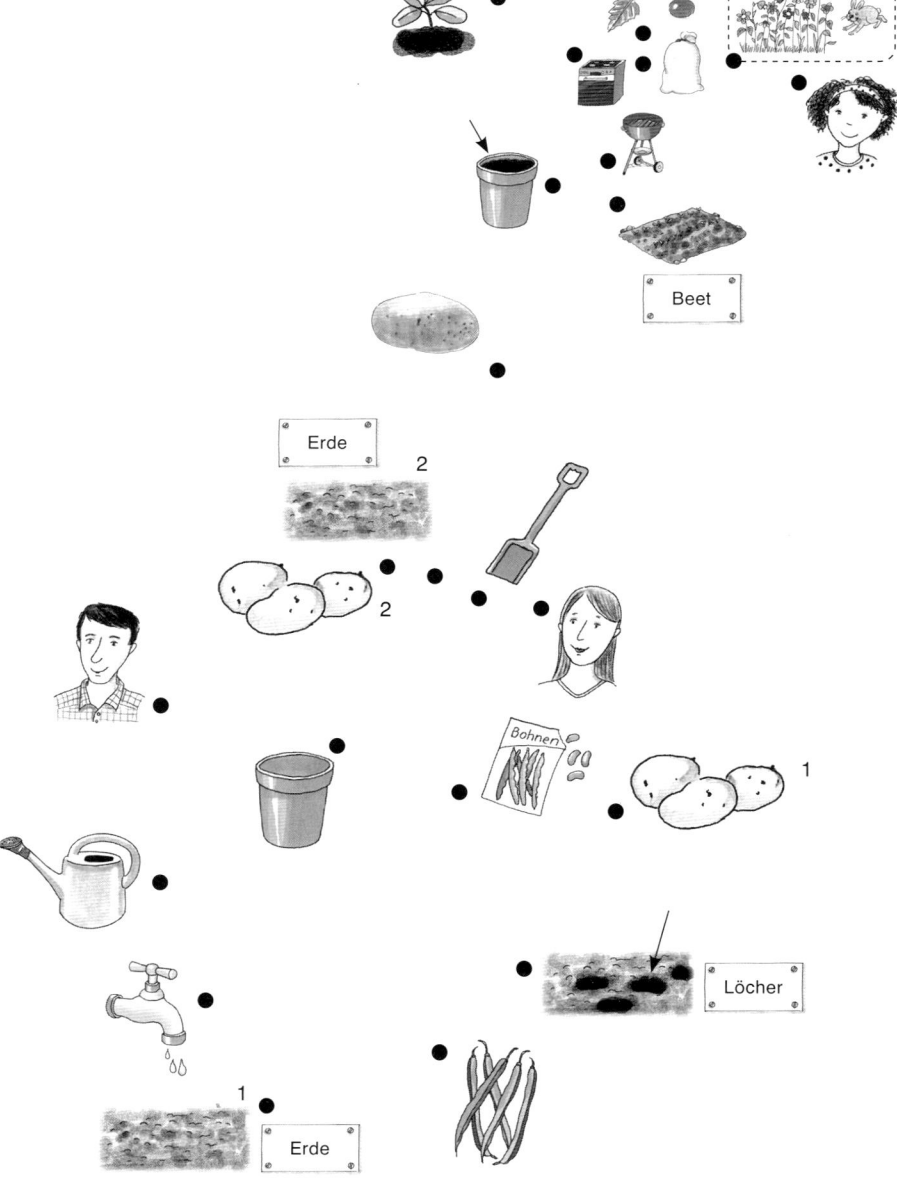

11. Ein Tag auf der Eisbahn

Name:

 Lies dir den Text genau durch. Unterstreiche alle Nomen (Namenwörter). Verbinde die Bilder in der Reihenfolge der gelesenen Nomen mit einem Lineal.

Unter dem Weihnachtsbaum lagen Schlittschuhe. Heute will Familie Becker einen Ausflug auf das Eis machen. Obwohl die Sonne scheint, ist es sehr kalt. Deshalb ziehen sie lieber warme Jacken und Skihosen an. Handschuhe und Helm packen sie in eine große Tasche. Dann geht es mit dem Auto los. Heute will wohl jeder auf die Eisbahn. Der Parkplatz ist sehr voll und sie müssen lange warten, bis etwas frei wird. An der Kasse müssen sie schon wieder warten. Juhu, jetzt sind sie soweit. Mama wird etwas hektisch, weil sie ihren Geldbeutel nicht finden kann. Ganz unten im Rucksack ist er aber dann doch. Juri und Anton fahren ganz lange, bis sie hungrig werden. Mit ihren Eltern gehen sie zum Kiosk und suchen sich etwas aus. Sie setzten sich an einen Tisch und essen eine Pizza. Danach fahren sie fröhlich weiter.

Eis

A

Ausflug

J

Name:

 Lies dir die Wörter der Reihe nach durch.
Schreibe die Nummer unten zum richtigen Bild.
Verbinde nun die Bilder mit einem Lineal in der richtigen Reihenfolge.

1. der Weihnachtsbaum   **2.** die Schlittschuhe   **3.** Familie Becker   **4.** der Ausflug

5. das Eis   **6.** die Sonne   **7.** warme Jacken   **8.** die Skihosen

9. die Handschuhe   **10.** der Helm   **11.** die Tasche   **12.** das Auto

13. die Eisbahn   **14.** der Parkplatz   **15.** die Kasse   **16.** Mama

17. der Geldbeutel   **18.** der Rucksack   **19.** Juri   **20.** Anton

21. die Eltern   **22.** der Kiosk   **23.** der Tisch   **24.** die Pizza

Eis

A

Ausflug

J

P

Christine von Pufendorf: Leseförderung mit Lesespurfiguren
© Auer Verlag

12. Endlich Sommerferien!

Name:

 Lies dir den Text genau durch. Unterstreiche alle Nomen (Namenwörter).
Verbinde die Bilder in der Reihenfolge der gelesenen Nomen mit einem Lineal.

Noah und Lea fahren mit ihren Eltern auf einen Campingplatz. Wie aufregend!
Die Fahrt mit dem Auto dauert sehr lang. Sie haben Malbücher und Stifte dabei. Mit
der Fähre fahren sie auf eine Insel. Jetzt müssen sie das Zelt aufbauen. Papa hat
einen Hammer dabei und baut die Stangen und Heringe richtig nach der Anleitung
zusammen, während die Kinder den Tisch aufstellen und decken. Gleich gehen
sie in den kleinen Laden und holen dort ein Brot und Käse. Darauf freuen sie sich
schon sehr.

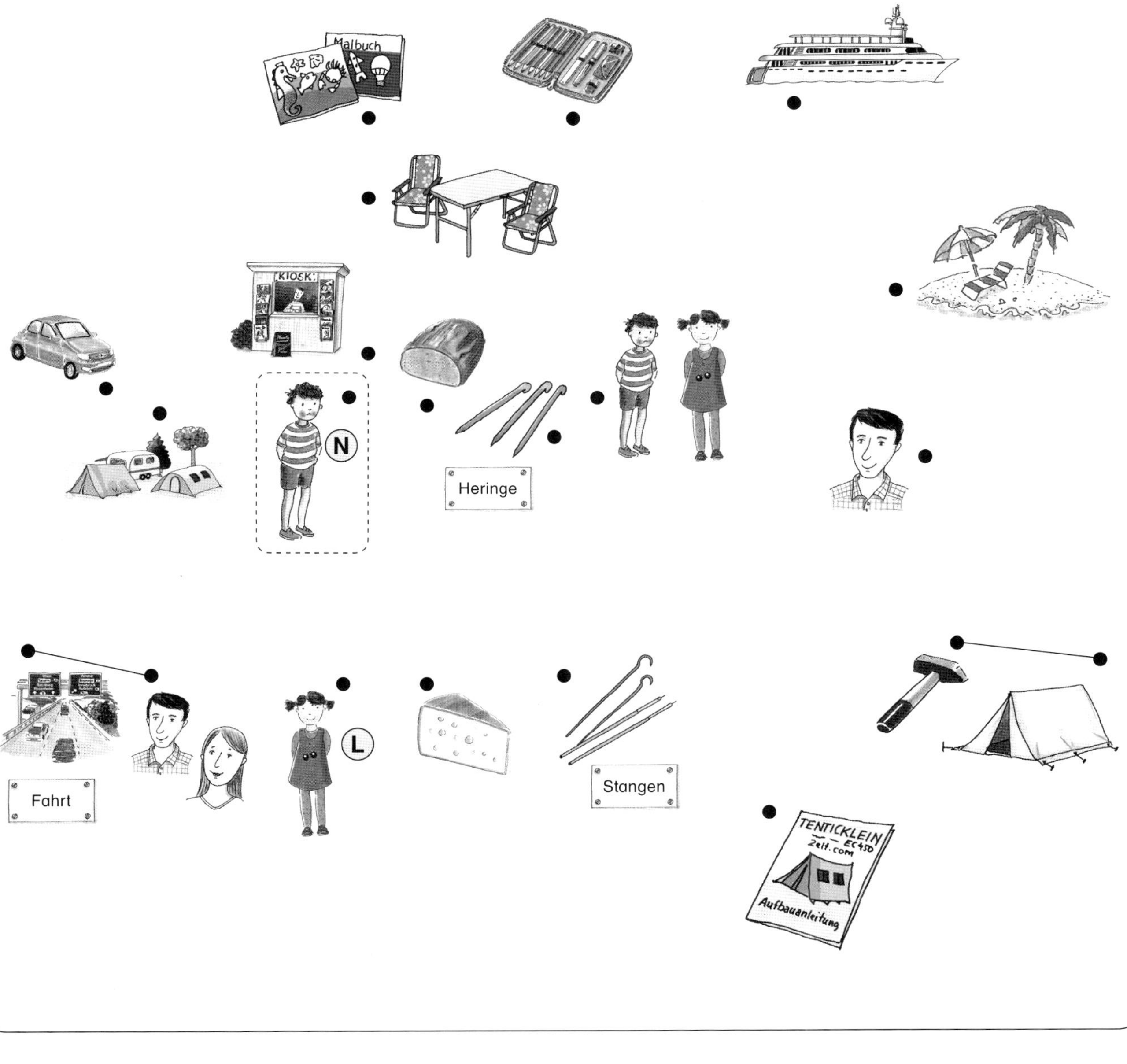

Heringe

N

Fahrt

L

Stangen

Lies dir die Wörter der Reihe nach durch.
Schreibe die Nummer unten zum richtigen Bild.
Verbinde nun die Bilder mit einem Lineal in der richtigen Reihenfolge.

1. Noah   **2.** Lea   **3.** die Eltern   **4.** der Campingplatz

5. die Fahrt   **6.** das Auto   **7.** die Malbücher   **8.** die Stifte

9. die Fähre   **10.** die Insel   **11.** das Zelt   **12.** Papa

13. der Hammer   **14.** die Stangen   **15.** die Heringe   **16.** die Anleitung

17. die Kinder   **18.** der Tisch   **19.** der Laden   **20.** das Brot

21. der Käse

Heringe

Fahrt

Stangen

Christine von Pufendorf: Leseförderung mit Lesespurfiguren
© Auer Verlag

13. Der Zauberer

Name:

Lies dir den Text genau durch. Unterstreiche alle Nomen (Namenwörter).
Verbinde die Bilder in der Reihenfolge der gelesenen Nomen mit einem Lineal.

Anton geht mit seinen beiden Freunden zu einer Zaubershow. Die drei sitzen ganz vorne. So können sie die Bühne gut sehen. Der Zauberer steht hinter einem Tisch. In seiner Hand hält er einen Zauberstab und zeigt damit auf das Tuch über dem Hut, der vor ihm steht. Auf einmal gibt es einen lauten Knall mit Rauch und ein Hase hüpft heraus. Er springt auf den Boden und verschwindet. Jetzt kommt die Assistentin und steigt in eine Kiste. Der Zauberer zersägt sie mit der Säge in zwei Teile. Die drei sitzen mit offenem Mund da.

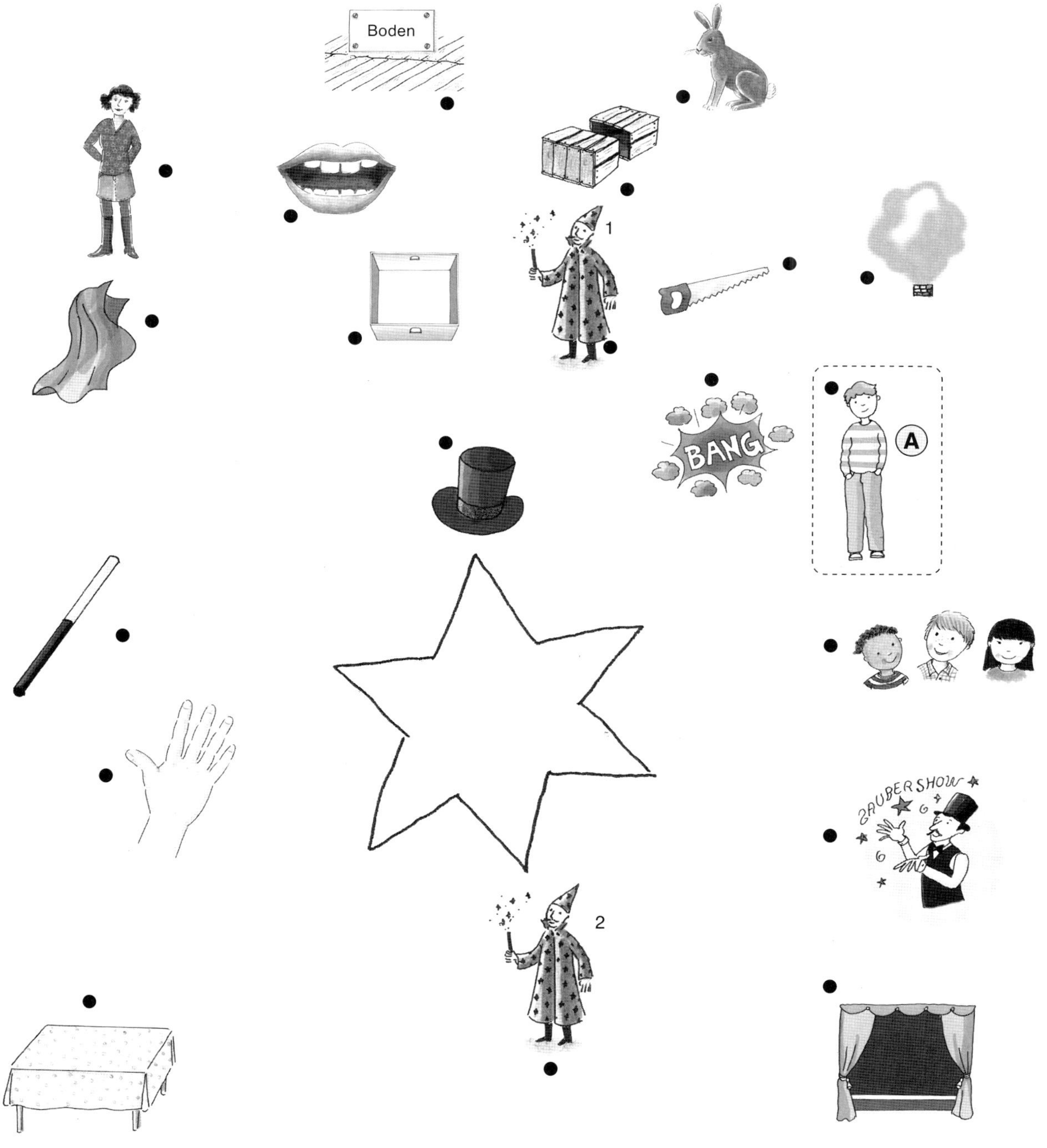

Boden

BANG

A

ZAUBERSHOW

 Lies dir die Wörter der Reihe nach durch.
Schreibe die Nummer unten zum richtigen Bild.
Verbinde nun die Bilder mit einem Lineal in der richtigen Reihenfolge.

1. Anton   **2.** die Freunde   **3.** die Zaubershow   **4.** die Bühne

5. der Zauberer   **6.** der Tisch   **7.** die Hand   **8.** der Zauberstab

9. das Tuch   **10.** der Hut   **11.** der Knall   **12.** der Rauch

13. der Hase   **14.** der Boden   **15.** die Assistentin   **16.** die Kiste

17. der Zauberer   **18.** die Säge   **19.** zwei Teile   **20.** der Mund

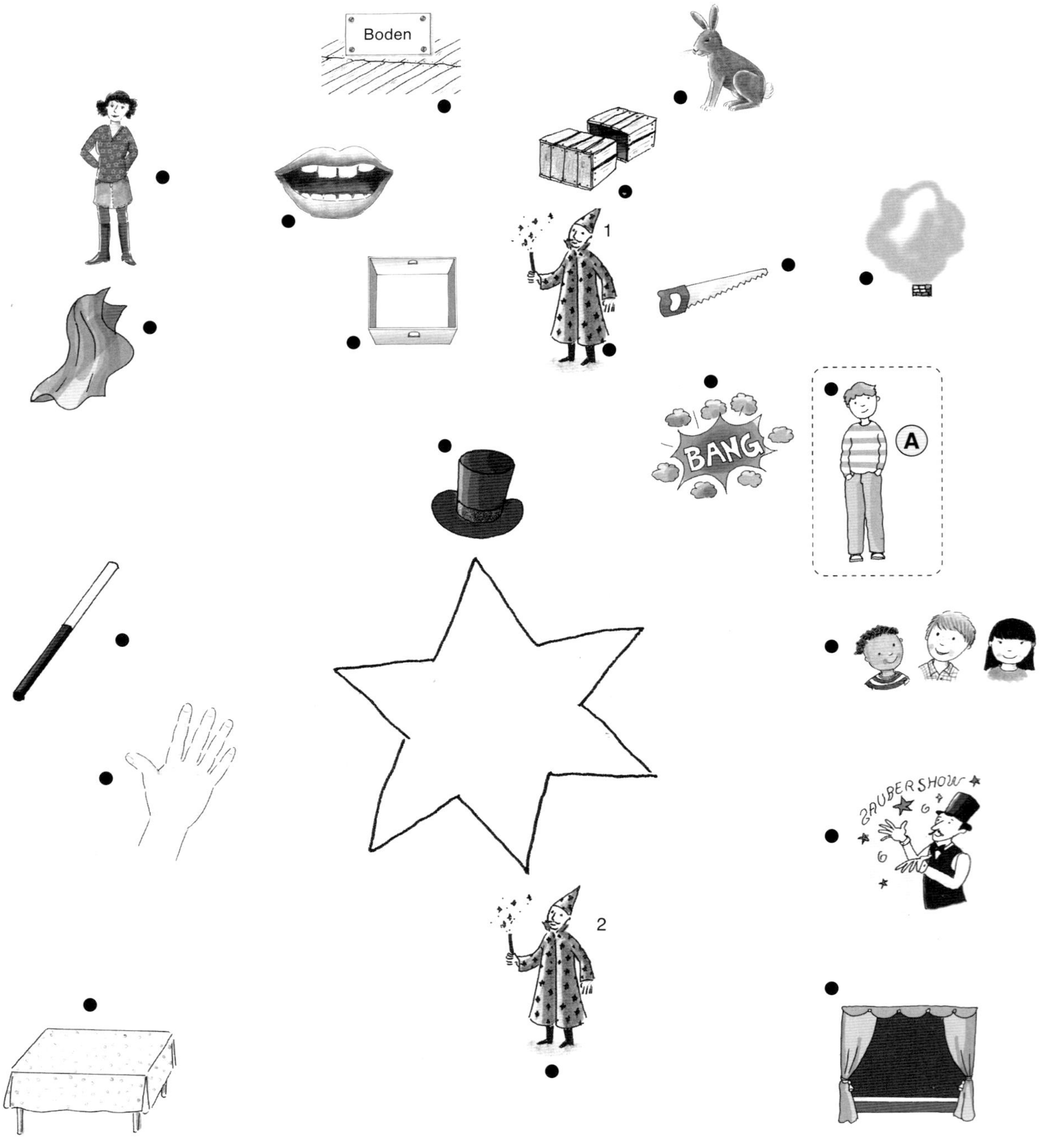

Boden

BANG

A

ZAUBERSHOW

Name:

 Lies dir den Text genau durch. Unterstreiche alle Nomen (Namenwörter).
Verbinde die Bilder in der Reihenfolge der gelesenen Nomen mit einem Lineal.

Emilia feiert ihren Geburtstag im Museum. Die Kinder treffen sich in einem riesigen Raum. Dort hängen viele schöne Bilder an der Wand. Die Museumsleiterin erklärt ihnen die Kunstwerke. An der Decke müssen die Kinder zwischen vielen Rohren etwas finden, das eigentlich dort nicht hingehört. Ein Techniker hat einfach eine Dose dort hingehängt. Anschließend setzen sich alle an einen großen Tisch. Mit der Schere schneiden sie Herzen aus Moosgummi aus, die sie auf ein Stück Holz kleben. Jeder stempelt nun sein Herz auf ein großes Plakat, das Emilia später aufhängen will. Nachdem sie noch Kuchen gegessen haben, geht es mit dem Zug zurück.

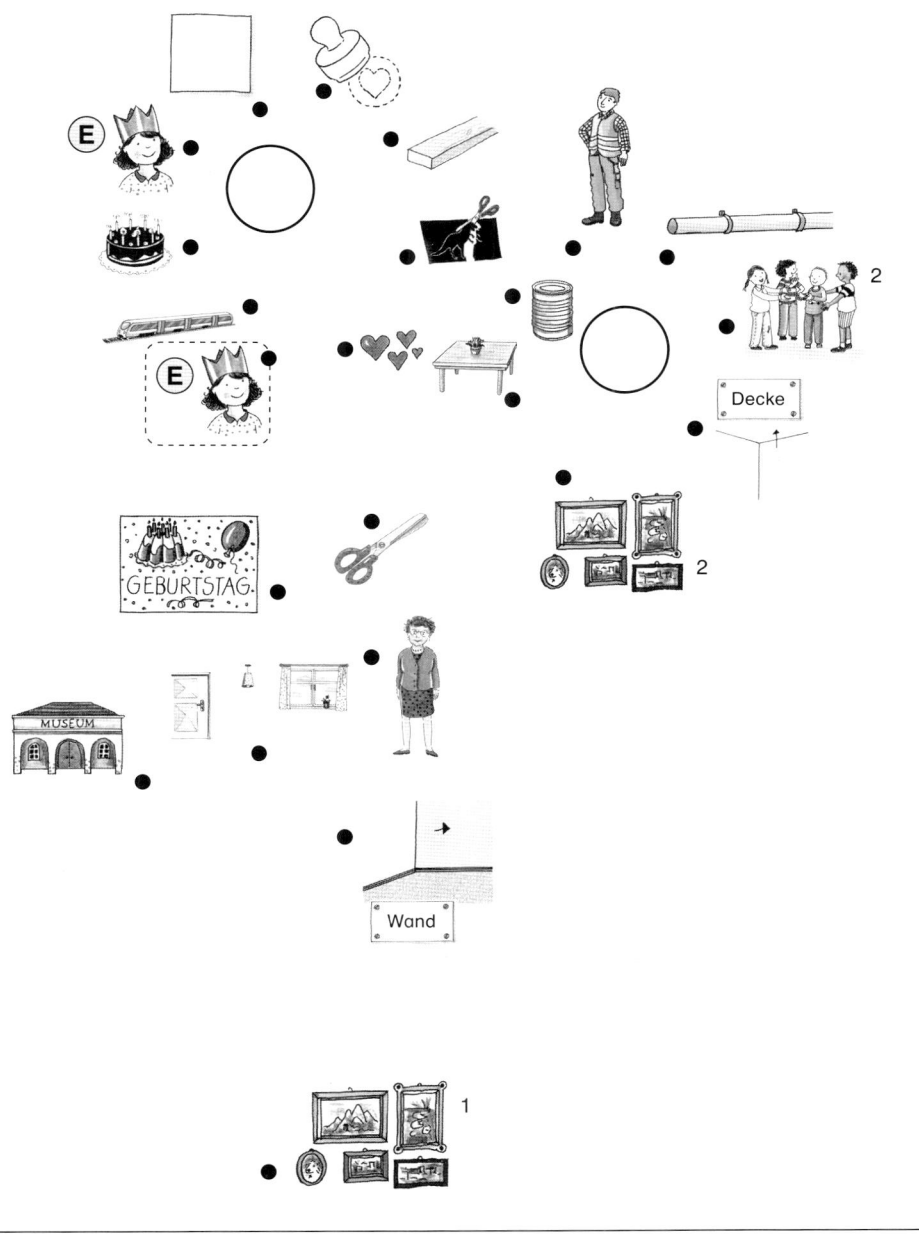

14. Geburtstag im Museum

Name:

 Lies dir die Wörter der Reihe nach durch.
Schreibe die Nummer unten zum richtigen Bild.
Verbinde nun die Bilder mit einem Lineal in der richtigen Reihenfolge.

1. Emilia   **2.** der Geburtstag   **3.** das Museum   **4.** die Kinder

5. der Raum   **6.** viele Bilder   **7.** die Wand   **8.** die Museumsleiterin

9. die Kunstwerke **10.** die Decke   **11.** die Kinder   **12.** die Rohre

13. der Techniker **14.** die Dose   **15.** der große Tisch   **16.** die Schere

17. die Herzen   **18.** der Moosgummi   **19.** das Stück Holz   **20.** das Herz

21. das Plakat   **22.** Emilia   **23.** der Kuchen   **24.** der Zug

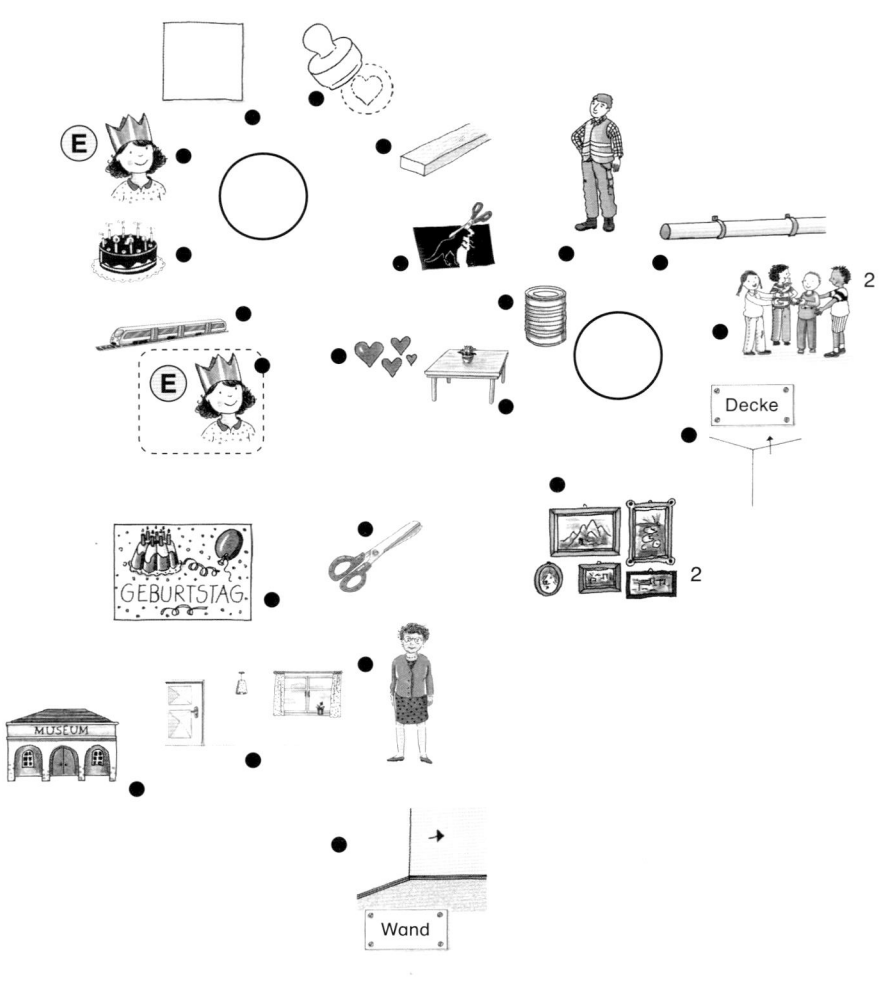

Christine von Pufendorf: Leseförderung mit Lesespurfiguren
© Auer Verlag

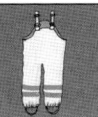

15. Der nasse Heimweg

 Lies dir den Text genau durch. Unterstreiche alle Nomen (Namenwörter).
Verbinde die Bilder in der Reihenfolge der gelesenen Nomen mit einem Lineal.

Die Schule ist aus. Alick und Vincent treffen sich auf dem Schulhof. Sie wollen
zusammen nach Hause laufen. Es regnet wie aus Eimern. Die beiden ziehen ihre
Regenjacken und Regenmützen an. Auf dem Weg sehen sie zwei Regenwürmer.
Sie möchten nicht, dass sie von Autos überfahren werden. Deshalb heben sie sie
mit der Hand auf und bringen sie zu einem Busch. Die Straße geht weiter am See
entlang. Eine Ente ist ans Ufer gekommen und liegt zwischen hohen Gräsern. Die
Kinder springen mit ihren Gummistiefeln in eine große Pfütze. Ein Bus fährt vorbei
und ein riesiger Schwall Wasser spritzt auf sie. Jetzt sind sie vollkommen nass.
Sie finden es herrlich.

15. Der nasse Heimweg

 Lies dir die Wörter der Reihe nach durch.
Schreibe die Nummer unten zum richtigen Bild.
Verbinde nun die Bilder mit einem Lineal in der richtigen Reihenfolge.

1. die Schule	**2.** Alick	**3.** Vincent	**4.** der Schulhof
5. nach Hause	**6.** der Eimer	**7.** die Regenjacken	**8.** die Regenmützen
9. der Weg	**10.** die Regenwürmer	**11.** die Autos	**12.** die Hand
13. der Busch	**14.** die Straße	**15.** der See	**16.** die Ente
17. das Ufer	**18.** hohe Gräser	**19.** die Kinder	**20.** die Gummistiefel
21. die Pfütze	**22.** der Bus	**23.** der riesige Schwall Wasser	

Ufer

16. Der Hund

Name:

 Lies dir den Text genau durch. Unterstreiche alle Nomen (Namenwörter).
Verbinde die Bilder in der Reihenfolge der gelesenen Nomen mit einem Lineal.

Jan geht mit seiner Oma in den Park. Der heftige Sturm ist vorbei, nur ein paar kleine Wolken sind noch am Himmel. Der Wind weht noch ein bisschen. Sie setzen sich auf eine Bank vor einen großen Baum. Auf einmal sehen sie einen kleinen Hund. Er setzt sich vor dem Jungen auf den Boden. In seinem Maul hat er einen Stock. Er möchte wohl, dass jemand mit ihm spielt. Da kommt sein Frauchen. Sie wirft das Stöckchen auf die Wiese, doch es kullert weiter und landet im See. Der Hund springt hinterher, schnappt ihn sich und kommt wieder ans Ufer. Dort schüttelt er sich. Das Wasser spritzt nur so umher. Alle sind nass und lachen.

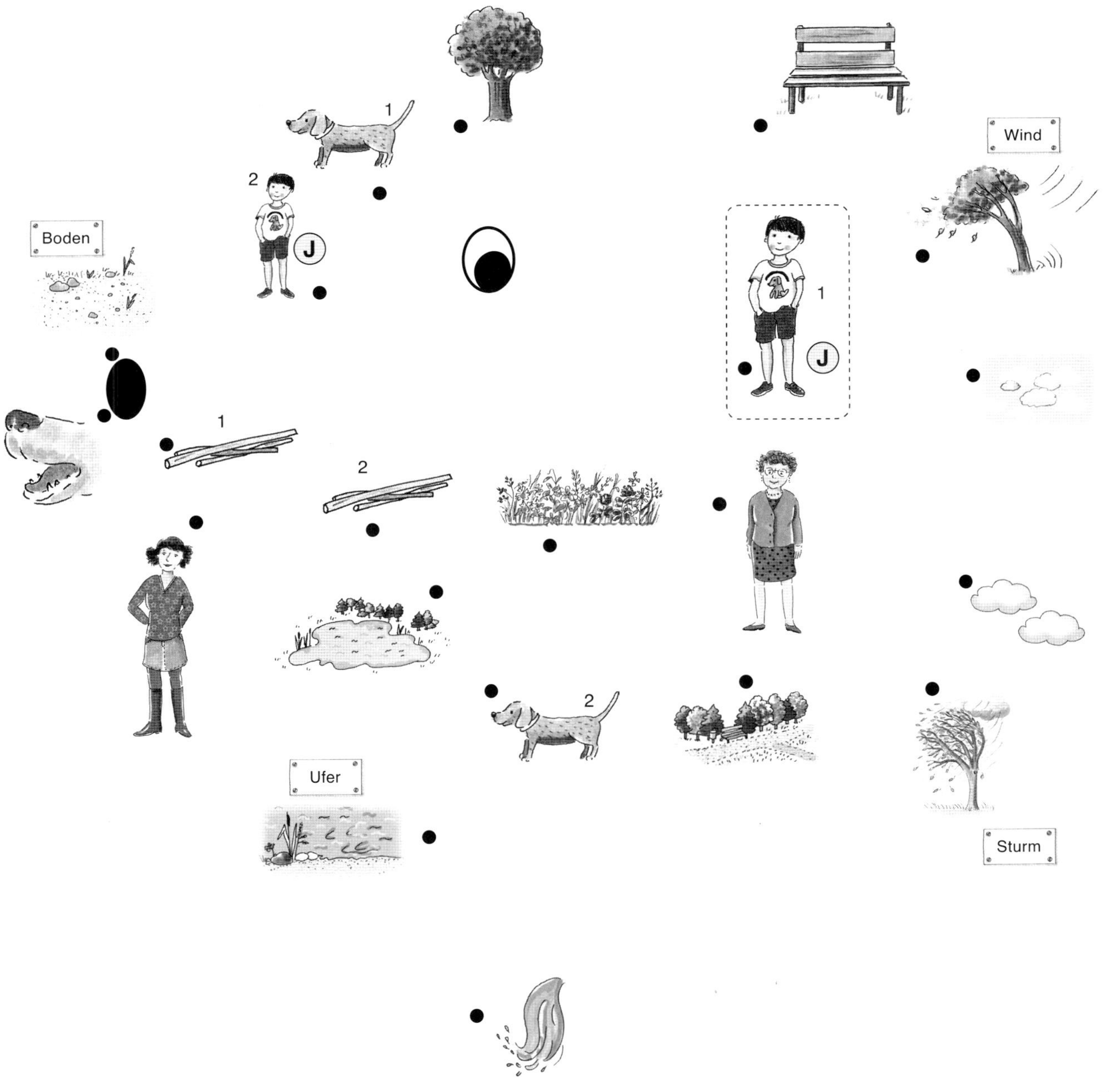

Boden

Wind

J

J

1

1

2

1

2

2

Ufer

Sturm

16. Der Hund

Lies dir die Wörter der Reihe nach durch.
Schreibe die Nummer unten zum richtigen Bild.
Verbinde nun die Bilder mit einem Lineal in der richtigen Reihenfolge.

1. Jan	**2.** Oma	**3.** der Park	**4.** der Sturm
5. kleine Wolken	**6.** der Himmel	**7.** der Wind	**8.** die Bank
9. der Baum	**10.** der kleine Hund	**11.** der Junge	**12.** der Boden
13. das Maul	**14.** der Stock	**15.** das Frauchen	**16.** das Stöckchen
17. die Wiese	**18.** der See	**19.** der Hund	**20.** das Ufer
21. das Wasser			

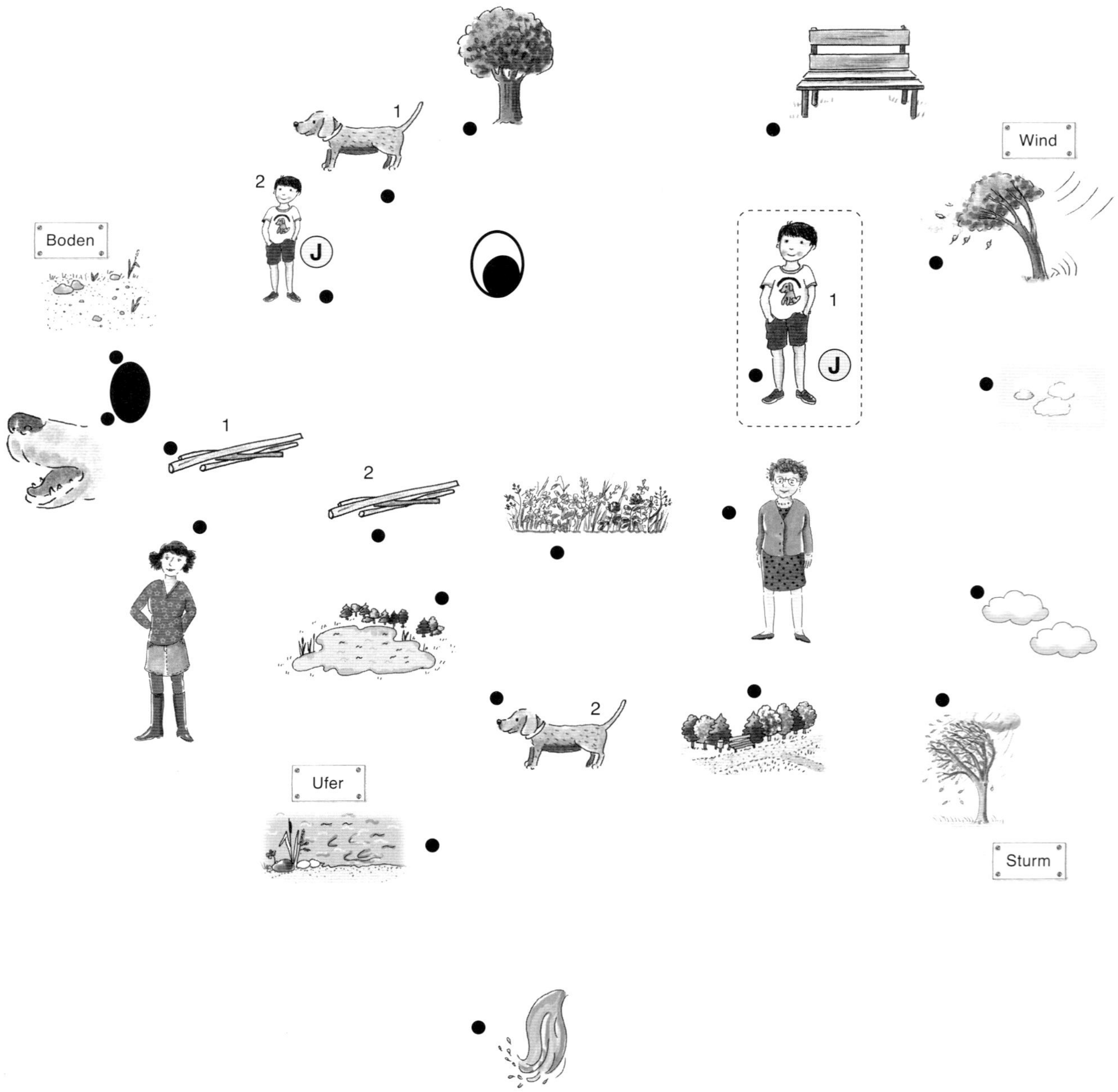

Boden

Wind

Ufer

Sturm

Christine von Pufendorf: Leseförderung mit Lesespurfiguren
© Auer Verlag

17. Auf dem Reiterhof

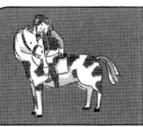

Name: ____________________

Lies dir den Text genau durch. Unterstreiche alle Nomen (Namenwörter). Verbinde die Bilder in der Reihenfolge der gelesenen Nomen mit einem Lineal.

Theresa darf in den Ferien auf den Reiterhof. Sie ist wahnsinnig aufgeregt. Eine Woche wird sie mit Celine und Polina zusammen in einem Zimmer schlafen. Zuerst packen die Mädchen ihre Taschen aus. Jeans, T-Shirts und Pullover kommen in den großen Schrank neben dem Stockbett. Die Socken räumen sie in die Kommode. Endlich sind sie fertig und können zu den Pferden gehen. Auf der Weide haben sie vorhin keine gesehen. Wahrscheinlich sind alle im Stall. Dort stehen fünf Pferde in ihren Boxen. An der Wand hängen Sattel und Zaumzeug. Dort hängen sie ihre Reithelme dazu. Frau Hansen ruft sie ins Haus, es gibt Abendessen. Und morgen fangen dann die Reitstunden an.

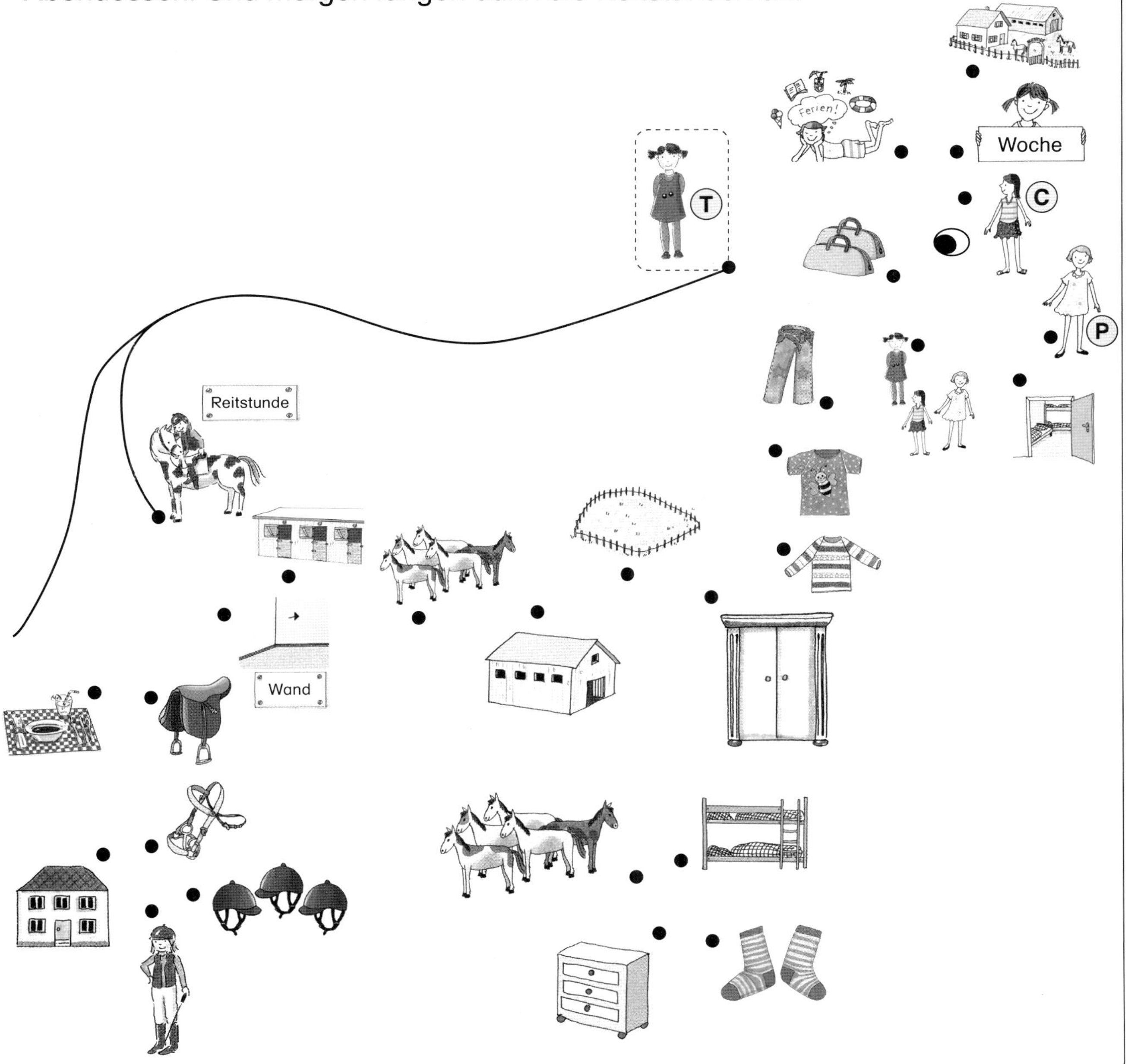

Christine von Pufendorf: Leseförderung mit Lesespurfiguren

Name:
_____

Lies dir die Wörter der Reihe nach durch.
Schreibe die Nummer unten zum richtigen Bild.
Verbinde nun die Bilder mit einem Lineal in der richtigen Reihenfolge.

1. Theresa	**2.** die Ferien	**3.** der Reiterhof	**4.** die Woche
5. Celine	**6.** Polina	**7.** das Zimmer	**8.** die Mädchen
9. die Taschen	**10.** die Jeans	**11.** das T-Shirt	**12.** der Pullover
13. der Schrank	**14.** das Stockbett	**15.** die Socken	**16.** die Kommode
17. die Pferde	**18.** die Weide	**19.** der Stall	**20.** fünf Pferde
21. die Boxen	**22.** die Wand	**23.** der Sattel	**24.** das Saumzeug
25. die Reithelme	**26.** Frau Hansen	**27.** das Haus	**28.** das Abendessen
29. die Reitstunden			

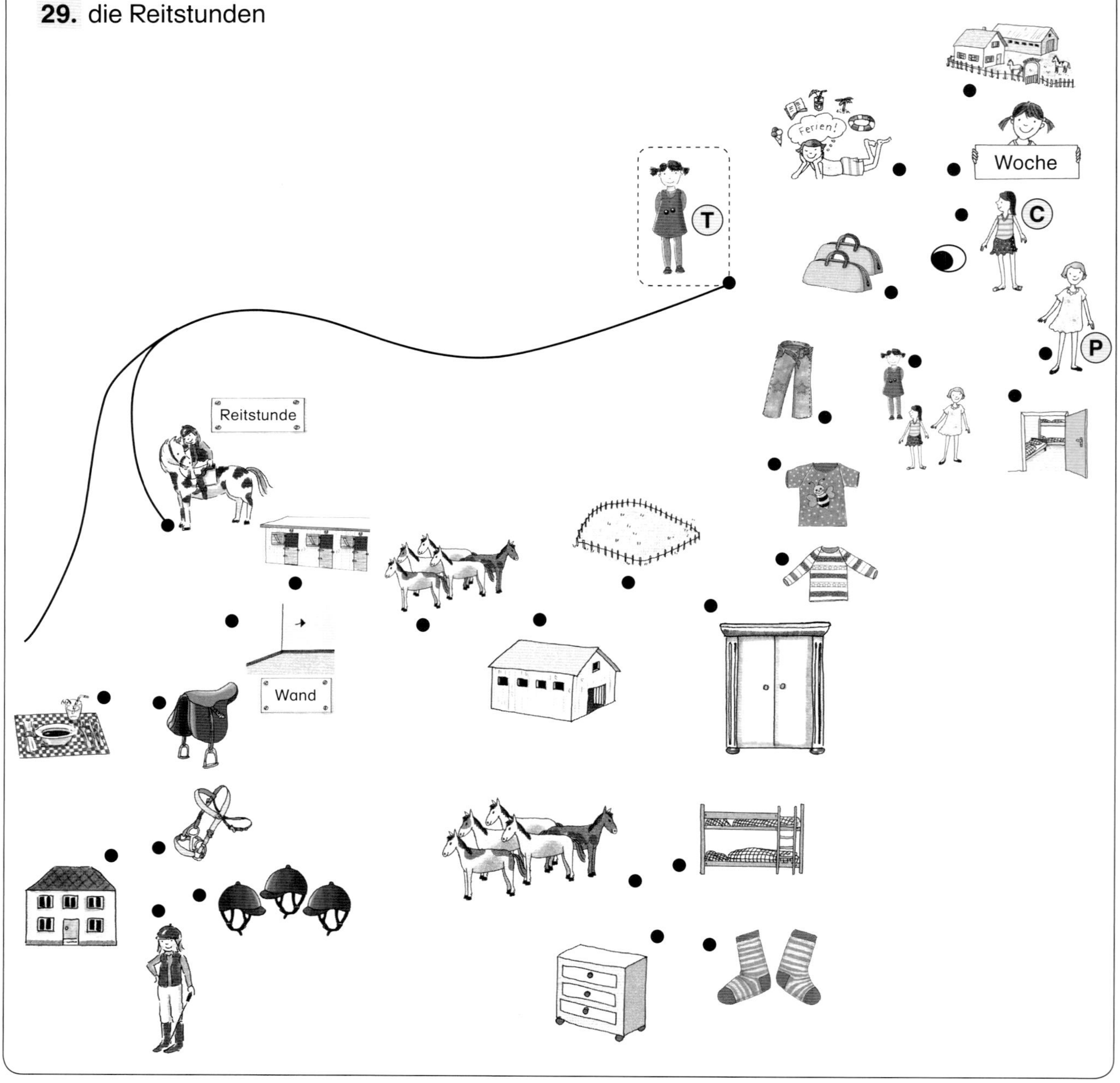

Woche

Reitstunde

Wand

Christine von Pufendorf: Leseförderung mit Lesespurfiguren
© Auer Verlag

18. Bei den Hasen

Name:
_____

Lies dir den Text genau durch. Unterstreiche alle Nomen (Namenwörter).
Verbinde die Bilder in der Reihenfolge der gelesenen Nomen mit einem Lineal.

Camille und Amelie rennen nach der Schule schnell nach Hause. Sie schnappen sich Karotten und einen Salat und gehen in den Garten. Unter einem großen Baum hinter einem Zaun steht der Hasenstall. Die beiden Mädchen klettern darüber und schauen nach, ob noch genug Wasser in der Trinkflasche ist. Dann nehmen sie sich einen Hasen auf den Schoß und streicheln ihn hinter den Ohren. Die anderen beiden Hasen kommen neugierig dazu und schnuppern an Amelies Bein. Oje, ein Tier hat gerade auf Amelies Hose gepinkelt.

18. Bei den Hasen

Name:

Lies dir die Wörter der Reihe nach durch.
Schreibe die Nummer unten zum richtigen Bild.
Verbinde nun die Bilder mit einem Lineal in der richtigen Reihenfolge.

1. Camille   **2.** Amelie   **3.** die Schule   **4.** nach Hause

5. die Karotten   **6.** der Salat   **7.** der Garten   **8.** der große Baum

9. der Zaun   **10.** der Hasenstall   **11.** die Mädchen   **12.** das Wasser

13. die Trinkflasche   **14.** die Hasen   **15.** der Schoß   **16.** die Ohren

17. die Hasen   **18.** das Bein   **19.** das Tier   **20.** die Hose

Christine von Pufendorf: Leseförderung mit Lesespurfiguren
© Auer Verlag

Lies dir den Text genau durch. Unterstreiche alle Nomen (Namenwörter).
Verbinde die Bilder in der Reihenfolge der gelesenen Nomen mit einem Lineal.

Im Zoo ist heute viel los. Eine Schulklasse ist im Elefantenhaus und beobachtet eine Elefantenmutter und ihr Baby. Die beiden planschen gerade im Wasserbecken. Der kleine Elefant versucht, über einen großen Stein aus dem Wasser zu klettern. Dabei rutscht er immer wieder aus. Das gibt jedes Mal einen riesigen Platscher. Irgendwann sind sie am Ufer. Mit ihrem grossen Rüssel greift die Elefantenmutter Sand vom Boden und pustet ihn hoch in den Himmel. Die Kinder gehen nun weiter ins Affenhaus. Ein paar Affen klettern auf einem Felsen herum, andere kraulen sich gegenseitig am Kopf. Ein anderer hangelt sich mit seinen langen Armen zu einem Baum, um eine Banane zu erhaschen.

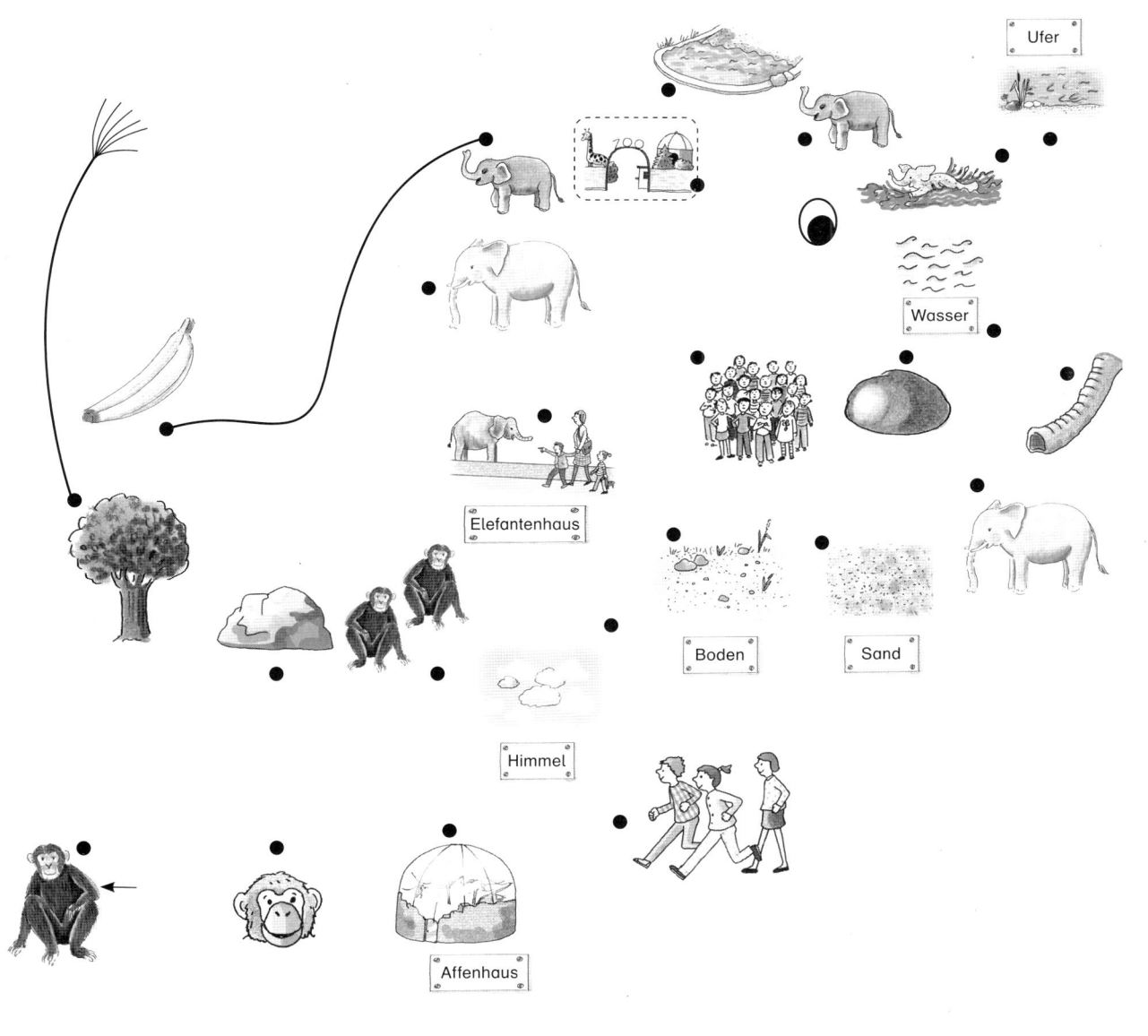

19. Im Zoo

Name:

_____

 Lies dir die Wörter der Reihe nach durch.
Schreibe die Nummer unten zum richtigen Bild.
Verbinde nun die Bilder mit einem Lineal in der richtigen Reihenfolge.

1. der Zoo	**2.** die Schulklasse	**3.** das Elefantenhaus	**4.** die Elefantenmutter
5. das Baby	**6.** das Wasserbecken	**7.** der kleine Elefant	**8.** der Stein
9. das Wasser	**10.** der Platscher	**11.** das Ufer	**12.** der Rüssel
13. die Elefantenmama	**14.** der Sand	**15.** der Boden	**16.** der Himmel
17. die Kinder	**18.** das Affenhaus	**19.** die Affen	**20.** der Felsen
21. der Kopf	**22.** der lange Arm	**23.** der Baum	**24.** die Banane

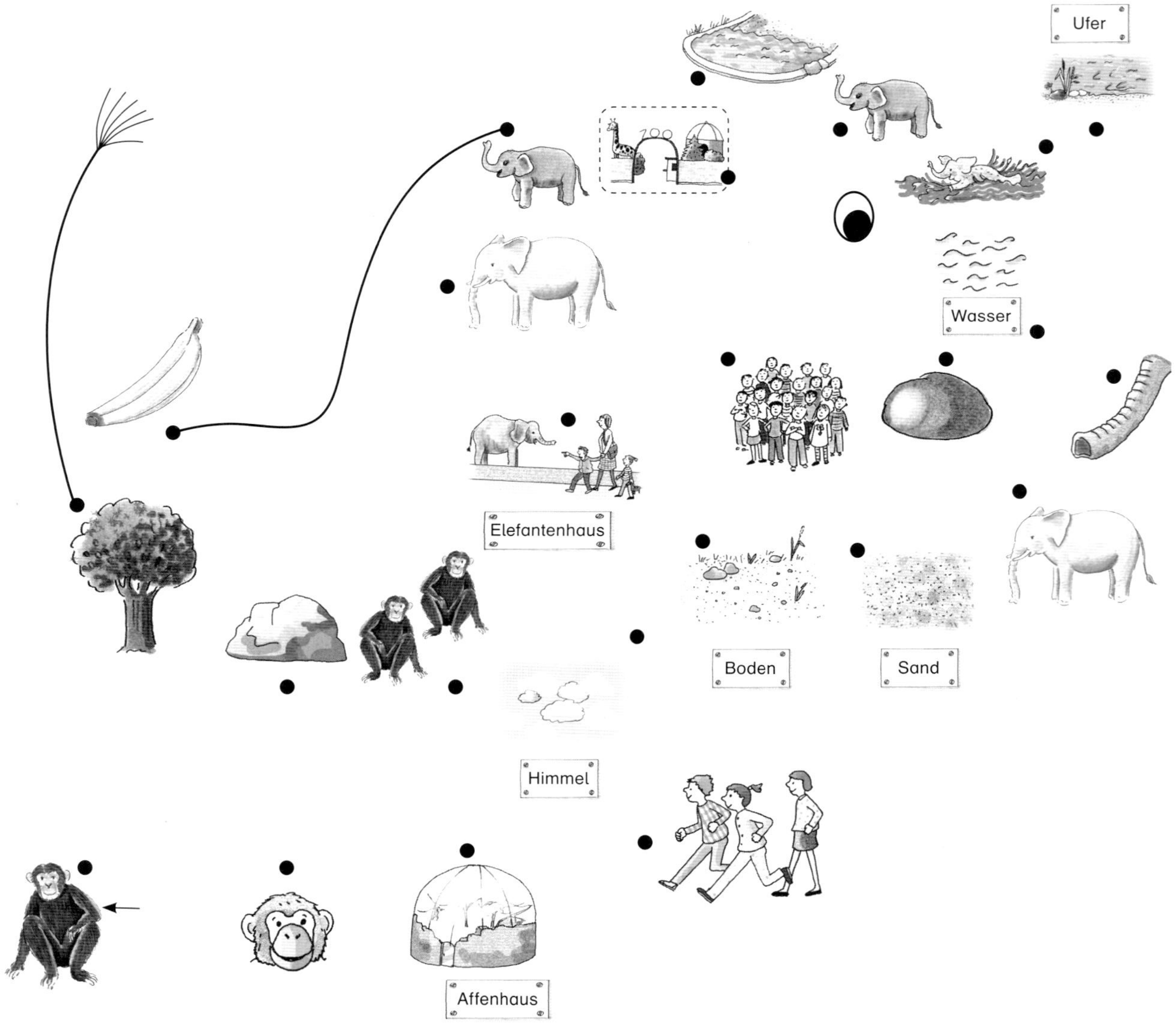

Ufer

Wasser

Elefantenhaus

Boden

Sand

Himmel

Affenhaus

Christine von Putendorf: Leseförderung mit Lesespurfiguren
© Auer Verlag

20. Wo ist der Thron?

Name:

 Lies dir den Text genau durch. Unterstreiche alle Nomen (Namenwörter).
Verbinde die Bilder in der Reihenfolge der gelesenen Nomen mit einem Lineal.

Clara und Stella besuchen ein richtiges Schloss. Sie wollen endlich einmal einen echten Thron sehen. Im großen Treppenhaus hängen viele Bilder vom früheren König. Dann geht es runter ins Verlies. Hinter schweren Eisentüren kann man dort die Rüstungen und Waffen der Ritter bewundern. Anschließend gehen sie in den Schlafraum. Das Bett ist besonders beeindruckend. Es ist riesig. Langsam werden sie ungeduldig. Sie wollen nicht noch mehr Bilder und Schreibtische sehen. Endlich gehen sie einen langen Gang entlang und kommen in einen großen Saal. Dort stehen sie unter einem gewaltigen Kronleuchter und hier ist auch endlich der Thron. Die Mädchen machen dort besonders viele Fotos.

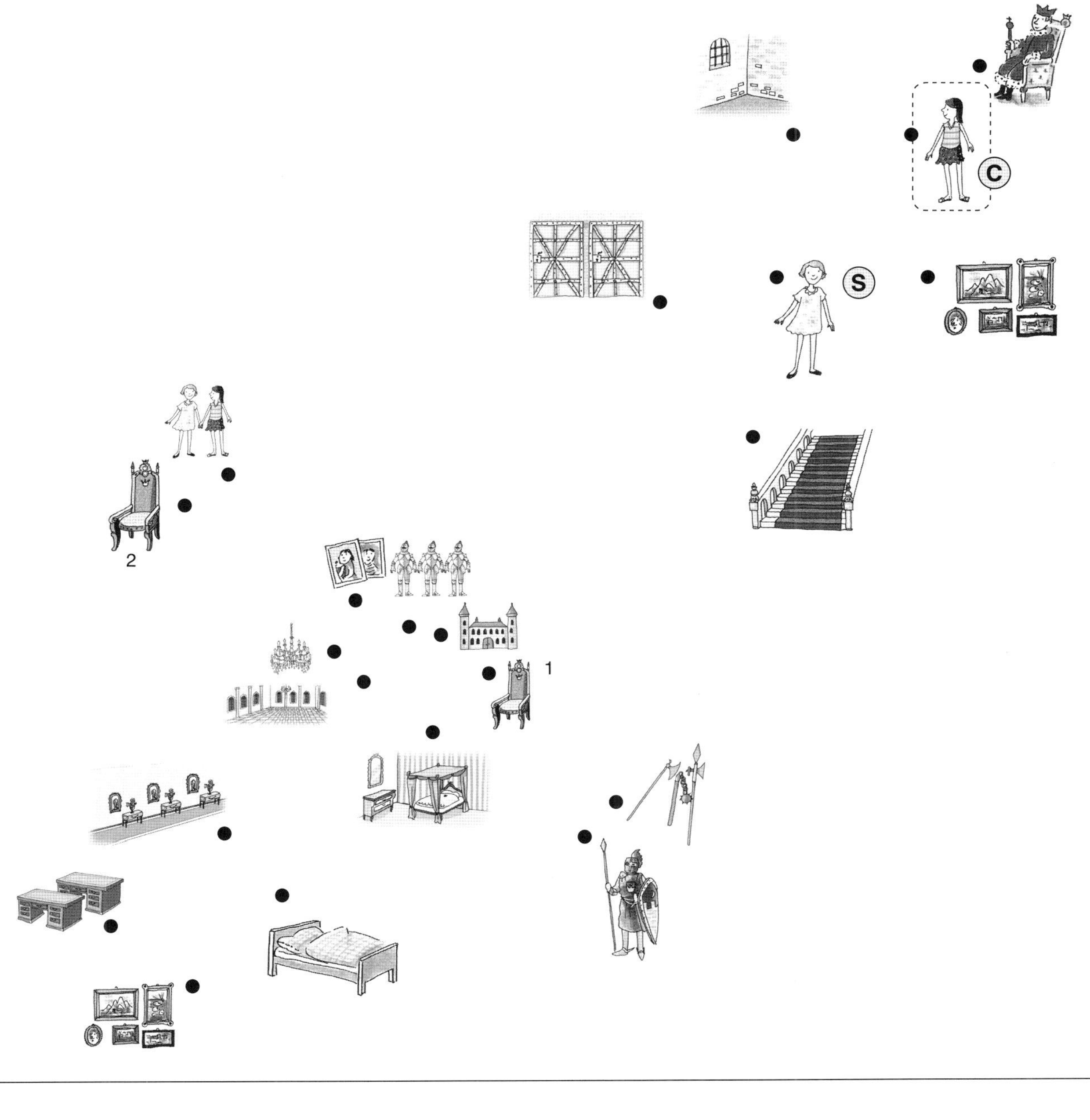

20. Wo ist der Thron?

 Lies dir die Wörter der Reihe nach durch.
Schreibe die Nummer unten zum richtigen Bild.
Verbinde nun die Bilder mit einem Lineal in der richtigen Reihenfolge.

1. Clara	**2.** Stella	**3.** das Schloss	**4.** der Thron
5. das Treppenhaus	**6.** viele Bilder	**7.** der König	**8.** das Verlies
9. die Eisentüren	**10.** die Rüstungen	**11.** die Waffen	**12.** der Ritter
13. der Schlafraum	**14.** das Bett	**15.** die Bilder	**16.** die Schreibtische
17. der lange Gang	**18.** der große Saal	**19.** der Kronleuchter	**20.** der Thron
21. die Mädchen	**22.** die Fotos		

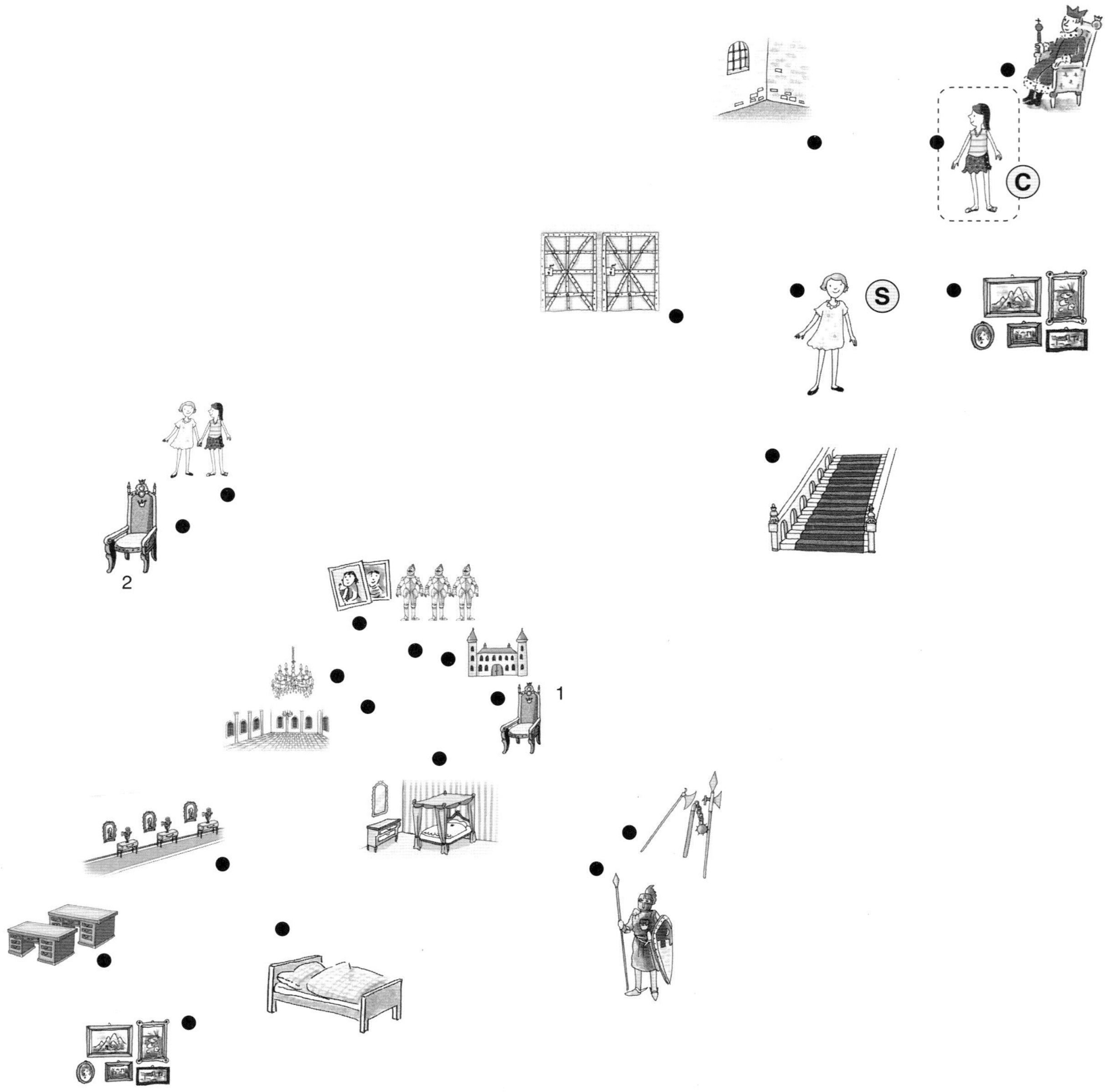

Christine von Pufendorf: Leseförderung mit Lesespurfiguren
© Auer Verlag

Name:

Lies dir den Text genau durch. Unterstreiche alle Nomen (Namenwörter).
Verbinde die Bilder in der Reihenfolge der gelesenen Nomen mit einem Lineal.

Familie Hiller geht heute in den Zirkus. Opa hat die Karten besorgt. Sie sitzen vorne im Publikum. Es gibt sogar ein Orchester. Auf einmal gehen die Lichter aus, nur ein Scheinwerfer zeigt auf die Musiker. Der Dirigent kommt herein. Er hebt die Hand. Zuerst hört man nur die Trommel, dann stimmen die anderen mit ein. Auf der Bühne rennen ein paar Männer über einen langen Teppich und führen Handstände und einen Salto vor. Sie sind großartig. Als nächstes werfen zwei Jungen Diabolos hoch wie Luftballons. Eine Frau tritt auf und singt wunderschön. Dann wird es dunkel. Bühnenarbeiter bauen ein Gerüst auf. Akrobaten fahren mit dem Fahrrad hoch oben auf einem Seil herum. Es ist einfach toll, die Kinder sind begeistert.

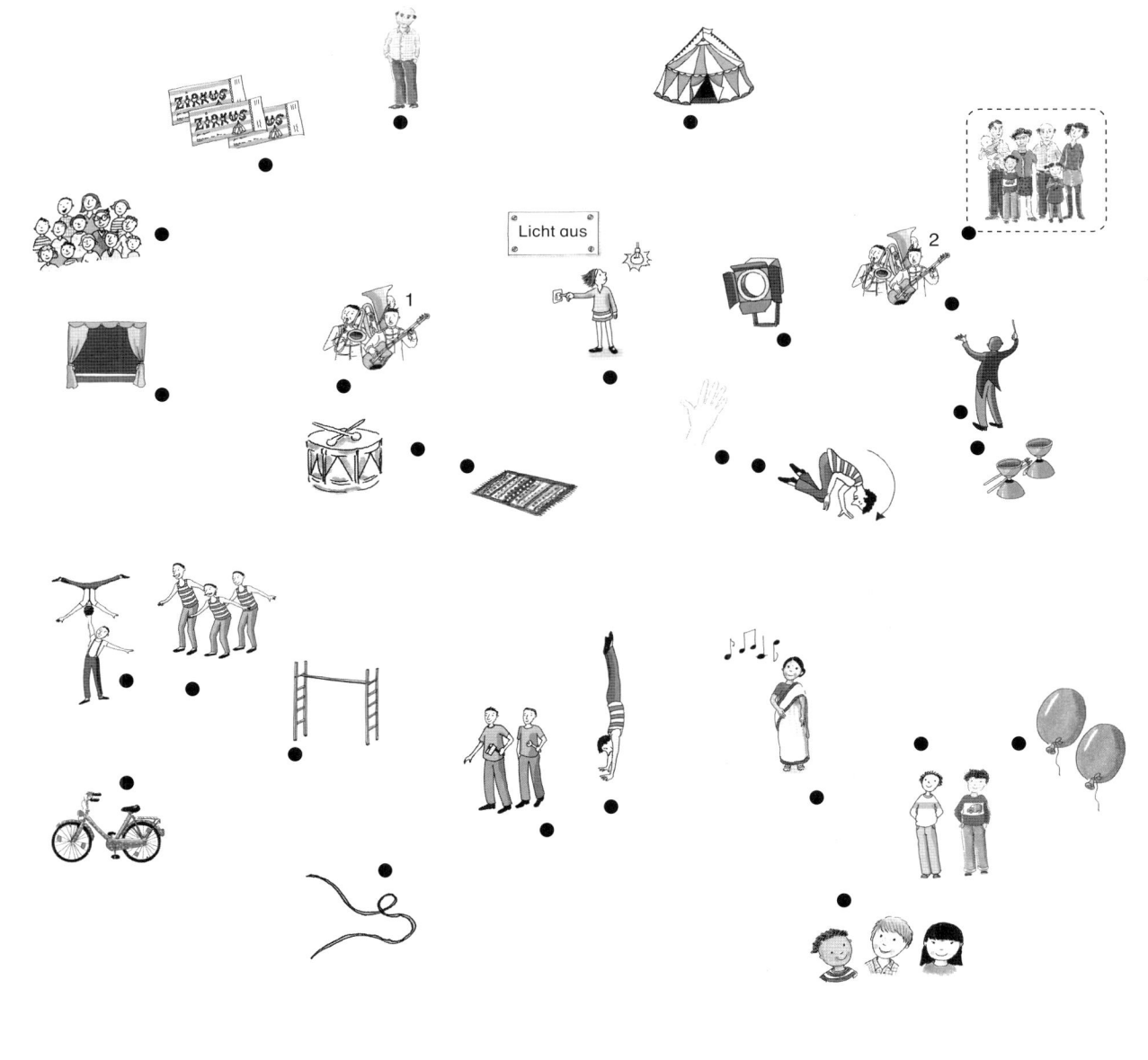

21. Im Zirkus

Lies dir die Wörter der Reihe nach durch.
Schreibe die Nummer unten zum richtigen Bild.
Verbinde nun die Bilder mit einem Lineal in der richtigen Reihenfolge.

1. Familie Hiller	**2.** der Zirkus	**3.** Opa	**4.** die Karten
5. das Publikum	**6.** das Orchester	**7.** die Lichter	**8.** der Scheinwerfer
9. die Musiker	**10.** der Dirigent	**11.** die Hand	**12.** die Trommel
13. die Bühne	**14.** die Männer	**15.** der Teppich	**16.** der Handstand
17. der Salto	**18.** zwei Jungen	**19.** die Diabolos	**20.** die Luftballons
21. die Frau	**22.** die Bühnenarbeiter	**23.** das Gerüst	**24.** die Akrobaten
25. das Fahrrad	**26.** das Seil	**27.** die Kinder	

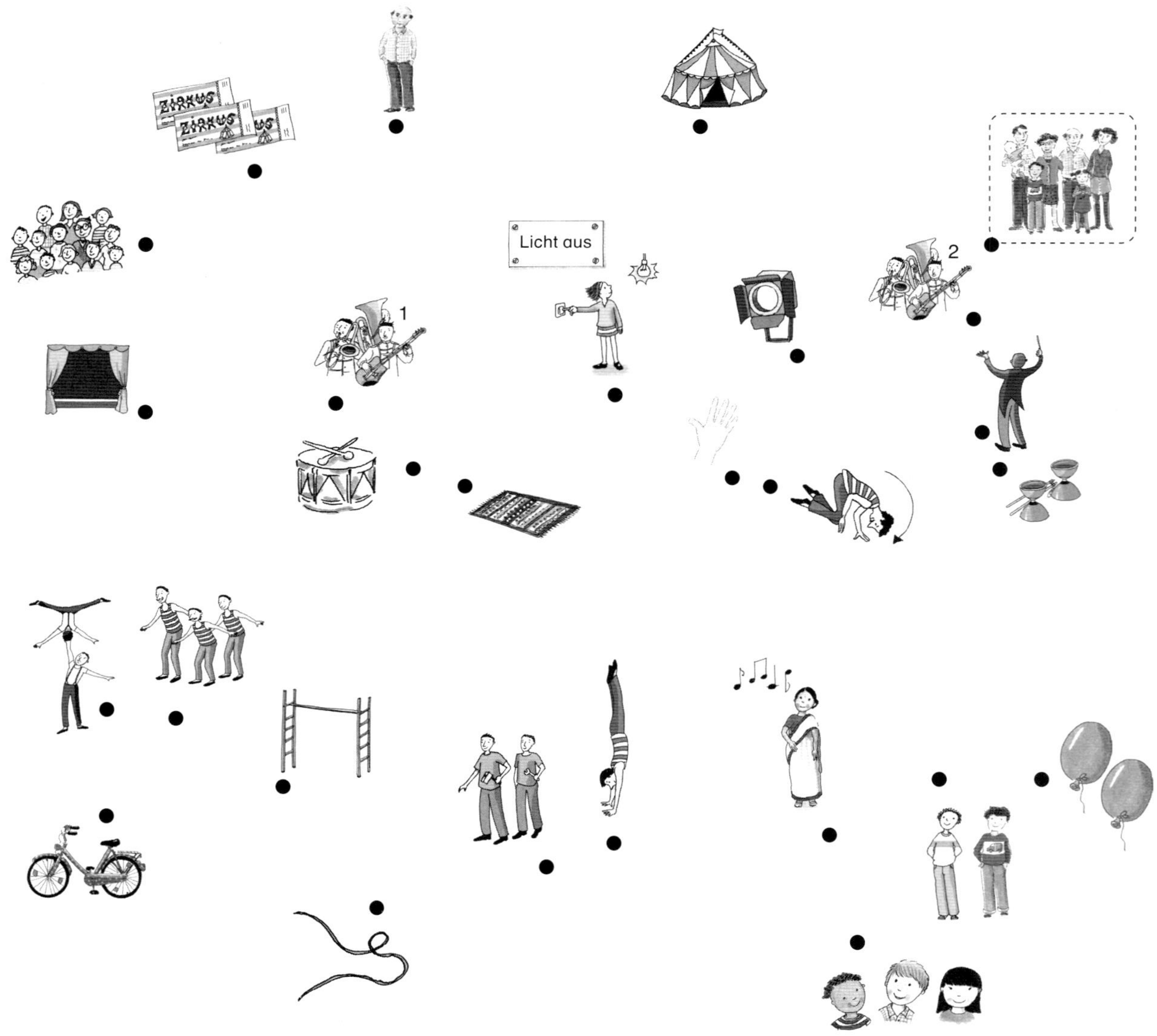

Christine von Pufendorf: Leseförderung mit Lesespurfiguren
© Auer Verlag

22. Ein besonderer Salat

Lies dir den Text genau durch. Unterstreiche alle Nomen (Namenwörter).
Verbinde die Bilder in der Reihenfolge der gelesenen Nomen mit einem Lineal.

Sofia und Johanna sind mit Mama auf einer Blumenwiese. Sie hat eine tolle
Idee. Kommt, wie sammeln unser Mittagessen. Am Apfelbaum lehnt eine Leiter.
Die Kinder rennen auf den Baum zu, um Äpfel zu pflücken, doch Mutter lacht.
Nein, ich meinte Salat. Sie gibt den den Mädchen einen Korb und geht auf einen
Löwenzahn zu. Sie pflückt bei jeder Blüte immer nur zwei Blätter ab und legt sie in
den kleinen Korb. Alle helfen mit und bald haben sie viel gesammelt. Auf dem Grill
liegen schon leckere Würste und Kartoffeln in der Glut. Papa deckt schon einmal
den Tisch. Alle sind gespannt auf den ganz besonderen Salat. Mhm, lecker!

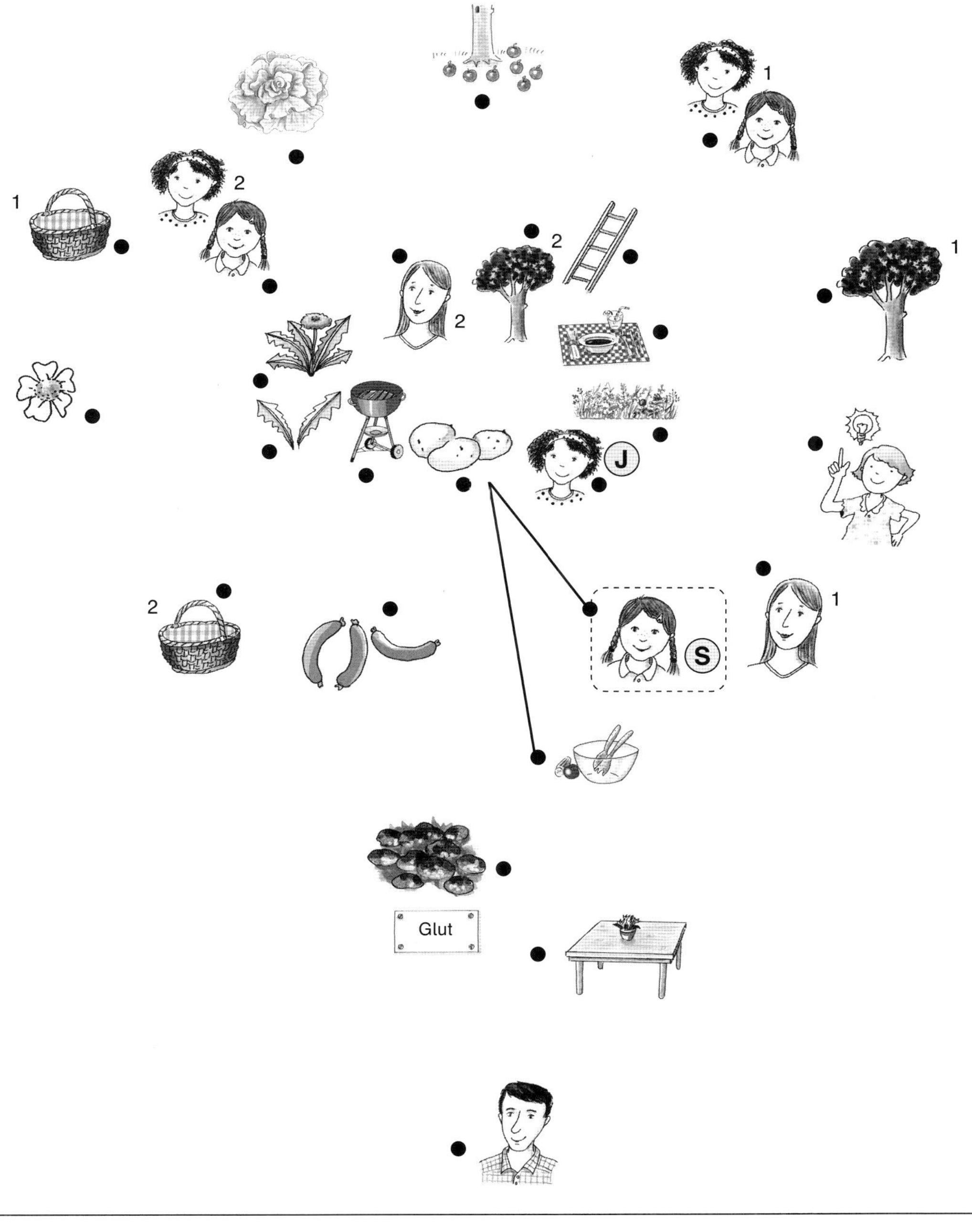

22. Ein besonderer Salat

Name:

Lies dir die Wörter der Reihe nach durch.
Schreibe die Nummer unten zum richtigen Bild.
Verbinde nun die Bilder mit einem Lineal in der richtigen Reihenfolge.

1. Sofia   **2.** Johanna   **3.** Mama   **4.** die Blumenwiese

5. die Idee   **6.** das Mittagessen   **7.** der Apfelbaum   **8.** die Leiter

9. die Kinder   **10.** der Baum   **11.** die Äpfel   **12.** Mutter

13. der Salat   **14.** die Mädchen   **15.** der Korb   **16.** der Löwenzahn

17. die Blüte   **18.** die Blätter   **19.** der Korb   **20.** der Grill

21. die Würste   **22.** die Kartoffeln   **23.** die Glut   **24.** Papa

25. der Tisch   **26.** der Salat

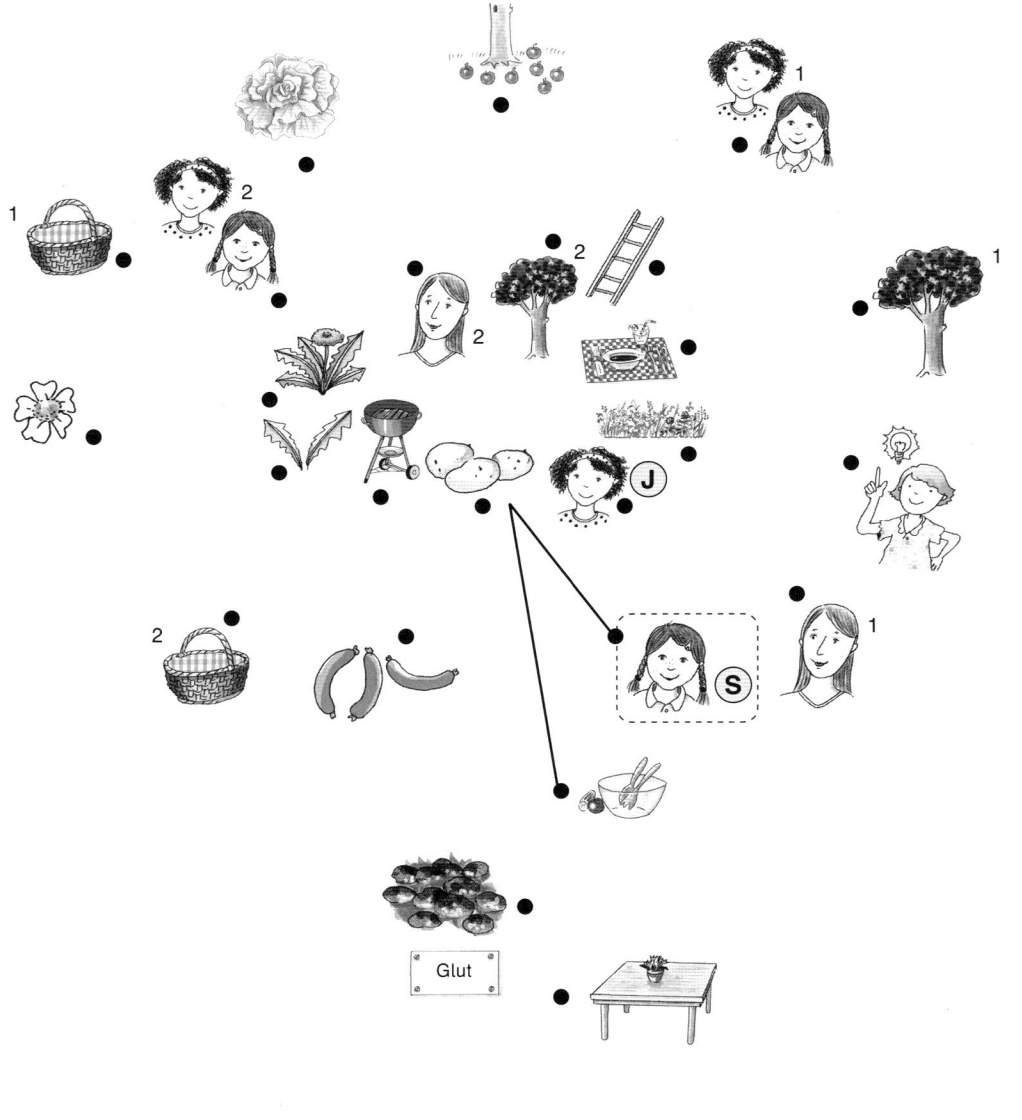

Glut

48

Christine von Pufendorf: Leseförderung mit Lesespurfiguren
© Auer Verlag

Name:

Lies dir den Text genau durch. Unterstreiche alle Nomen (Namenwörter).
Verbinde die Bilder in der Reihenfolge der gelesenen Nomen mit einem Lineal.

Anna und Linda liegen krank im Bett. Mama hat ihnen Tee und Zwieback gebracht. Sie haben bis jetzt CD gehört, aber nun ist ihnen schrecklich langweilig. Sie schauen aus dem Fenster. Es ist ein stürmischer Tag. Die Bäume und Büsche bewegen sich wild. Am Himmel ziehen ein paar Vögel und viele dunkle Wolken schnell vorbei. Da kommt ihnen eine Idee. Sie blicken nach oben in die Wolken und entdecken zuerst einen kleinen Hasen, dann einen Elefant und zum Schluss sogar noch einen Mann mit Bart. Beide sind ganz begeistert.

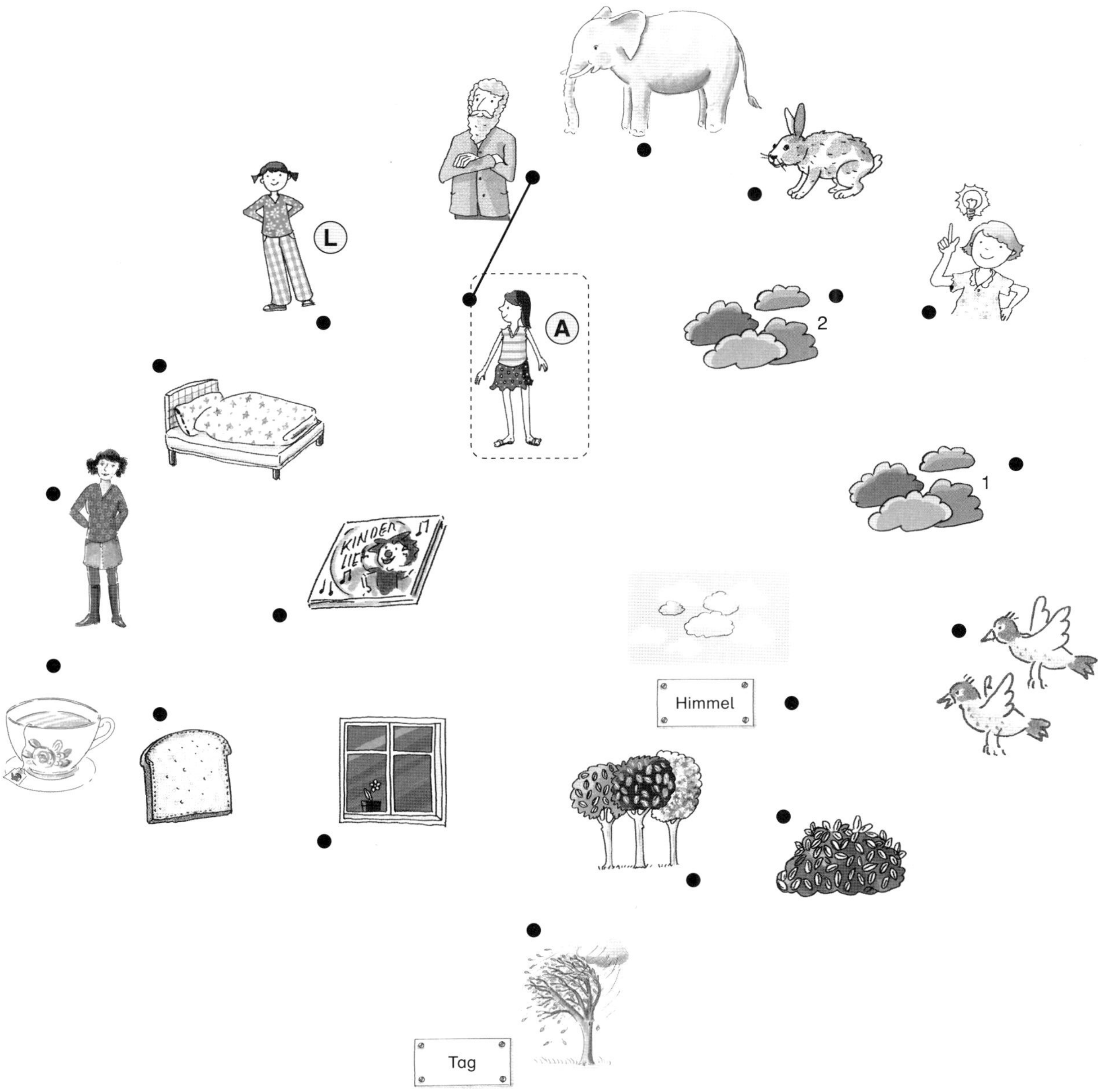

23. Wolkenspiele

Name:

Lies dir die Wörter der Reihe nach durch.
Schreibe die Nummer unten zum richtigen Bild.
Verbinde nun die Bilder mit einem Lineal in der richtigen Reihenfolge.

1. Anna   **2.** Linda   **3.** das Bett   **4.** Mama

5. der Tee   **6.** der Zwieback   **7.** die CD   **8.** das Fenster

9. der Tag   **10.** die Bäume   **11.** der Busch   **12.** der Himmel

13. die Vögel   **14.** die Wolken   **15.** die Idee   **16.** die Wolken

17. der Hase   **18.** der Elefant   **19.** der Mann mit Bart

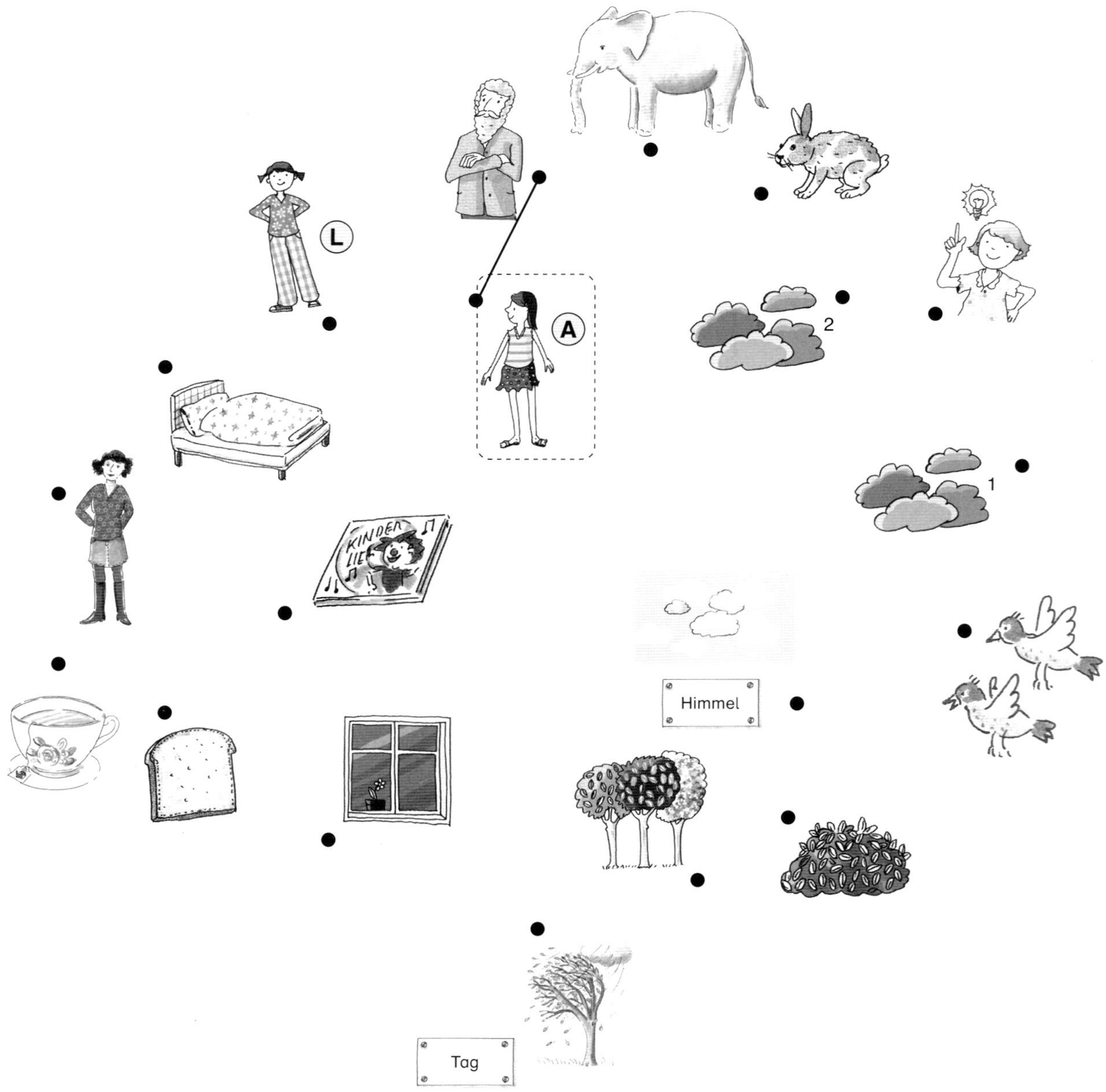

L

A

2

1

Himmel

Tag

Christine von Pufendorf: Leseförderung mit Lesespurfiguren
© Auer Verlag

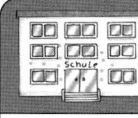
☼ Lies dir den Text genau durch. Unterstreiche alle Nomen (Namenwörter).

💡 Verbinde die Bilder in der Reihenfolge der gelesenen Nomen mit einem Lineal.

Heute scheint die Sonne. Isabella und Polina sind sehr froh. In der Schule ist heute nämlich ein Fest. Viele Kinder sind mit ihren Eltern gekommen. Die beiden Mädchen gehen gemeinsam zum Büchsenwerfen. Dort zielen sie mit ihrem Ball und gewinnen einen Teddybär und einen Becher Zauberknete. In einem Klassenzimmer werden Fotos von der Wanderung in den Zoo gezeigt. Auf dem Schulhof stehen ein paar Lehrer hinter einem Grill und grillen Würstchen und Gemüse. Dort stehen auch viele Tische und Bänke. Die Kinder haben sich bemüht und kleine Blumen aufgestellt. Alle freuen sich über die schöne Feier.

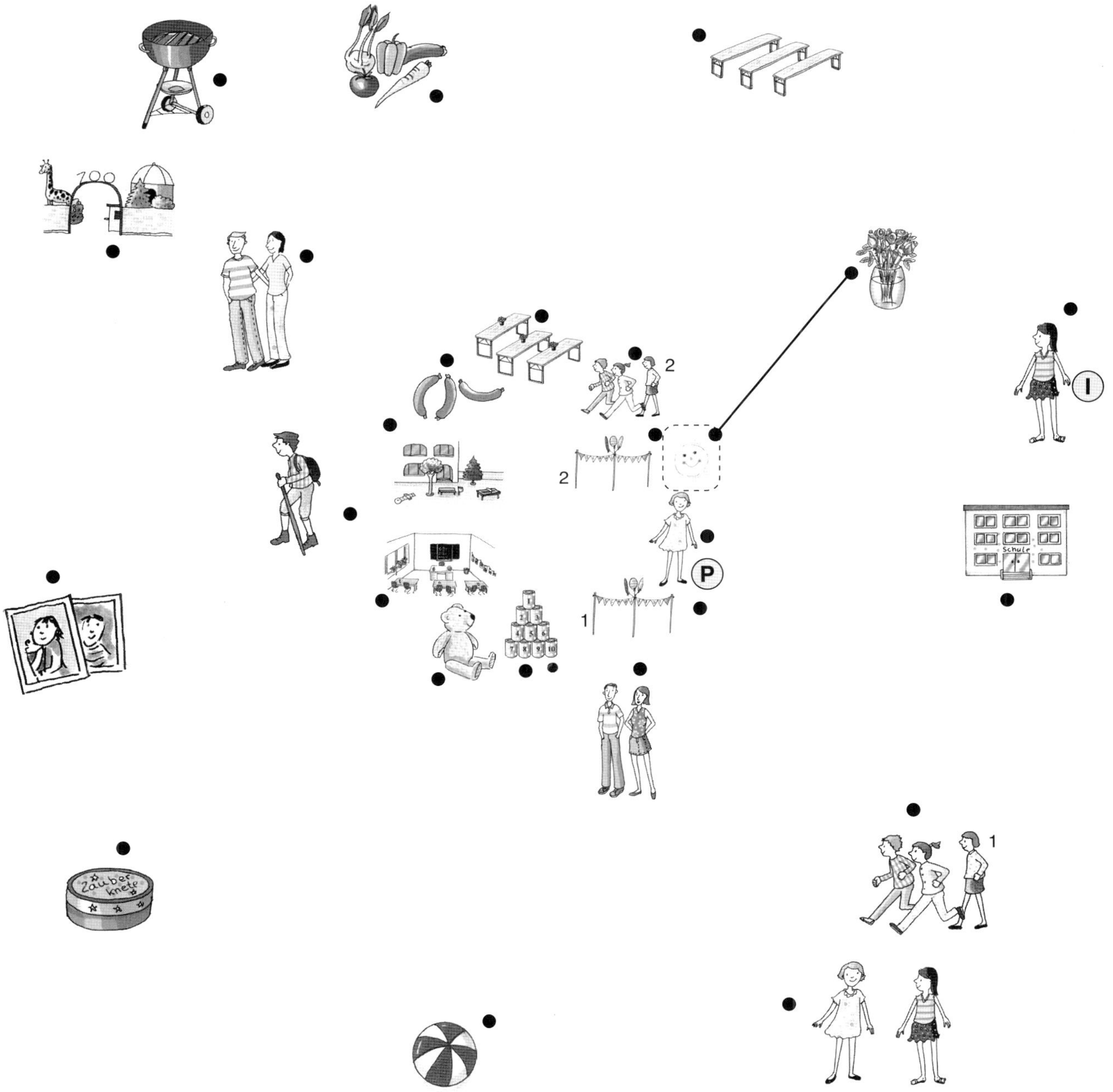

Name: _____

Lies dir die Wörter der Reihe nach durch.
Schreibe die Nummer unten zum richtigen Bild.
Verbinde nun die Bilder mit einem Lineal in der richtigen Reihenfolge.

1. die Sonne **2.** Isabella **3.** Polina **4.** die Schule

5. das Fest **6.** die Kinder **7.** die Eltern **8.** die Mädchen

9. das Büchsenwerfen **10.** der Ball **11.** der Teddybär **12.** der Becher Zauberknete

13. das Klassenzimmer **14.** die Fotos **15.** die Wanderung **16.** der Zoo

17. der Schulhof **18.** die Lehrer **19.** der Grill **20.** die Würstchen

21. das Gemüse **22.** die Tische **23.** die Bänke **24.** die Kinder

25. die Blumen **26.** die Feier

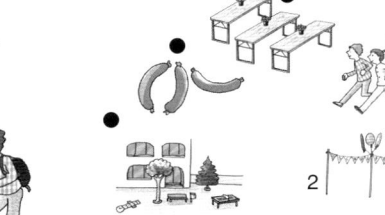
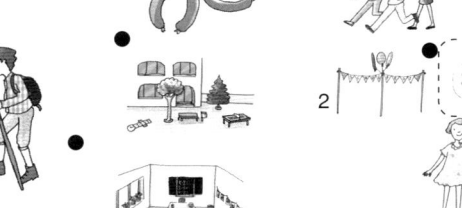
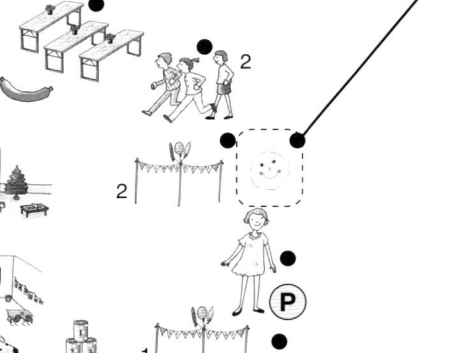

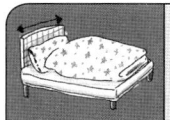

25. Das neue Bett

Name:

Lies dir den Text genau durch. Unterstreiche alle Nomen (Namenwörter).
Verbinde die Bilder in der Reihenfolge der gelesenen Nomen mit einem Lineal.

Bisher musste sich Moritz ein Zimmer mit seinem Bruder Linus teilen. Doch nun bekommt er endlich ein eigenes. Das hat er sich schon lange gewünscht. Ein Schrank steht schon dort. Weil es ganz klein ist, darf er sich ein Hochbett aussuchen. Zusammen mit seinen Eltern fährt er in ein Möbelgeschäft und findet gleich ein schönes Bett und einen Schreibtisch. Sie packen alles ins Auto und fahren nach Hause. Zusammen mit Papa baut er das neue Bett auf. Gemeinsam packen sie das Paket aus. Gar nicht so einfach, aber endlich ist es geschafft und sie können die Matratze auf den Lattenrost legen. Moritz flitzt los und holt schnell seine Decke und sein Kopfkissen. Sogar eine Lampe kommt an die Wand. Aufgeregt ruft er seinen Freund Philip an und lädt ihn zu einer Übernachtungsparty ein.

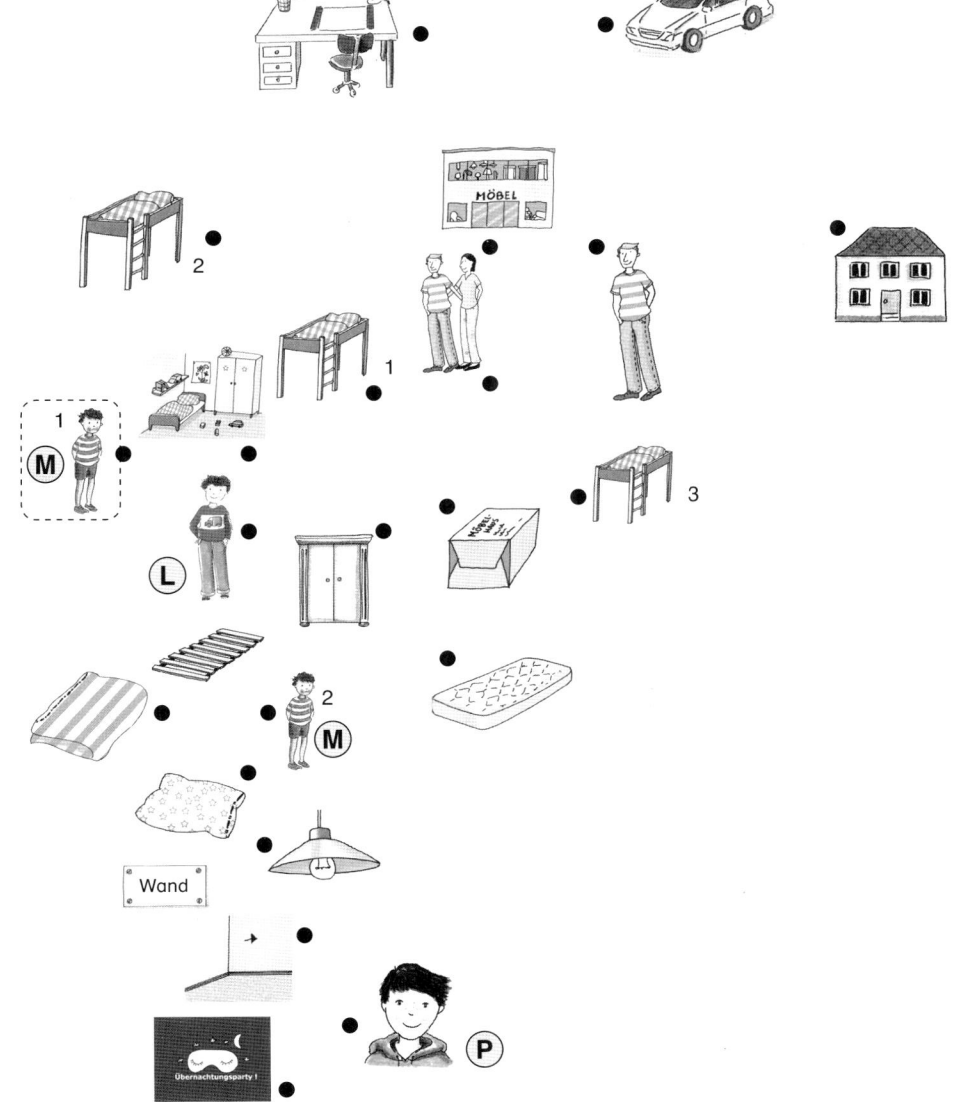

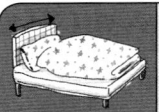

25. Das neue Bett

Lies dir die Wörter der Reihe nach durch.
Schreibe die Nummer unten zum richtigen Bild.
Verbinde nun die Bilder mit einem Lineal in der richtigen Reihenfolge.

1. Moritz
2. das Zimmer
3. Linus
4. der Schrank
5. das Hochbett
6. die Eltern
7. das Möbelgeschäft
8. das Bett
9. der Schreibtisch
10. das Auto
11. nach Hause
12. Papa
13. das Bett
14. das Paket
15. die Matratze
16. der Lattenrost
17. Moritz
18. die Decke
19. das Kopfkissen
20. die Lampe
21. die Wand
22. Philip
23. die Übernachtungsparty

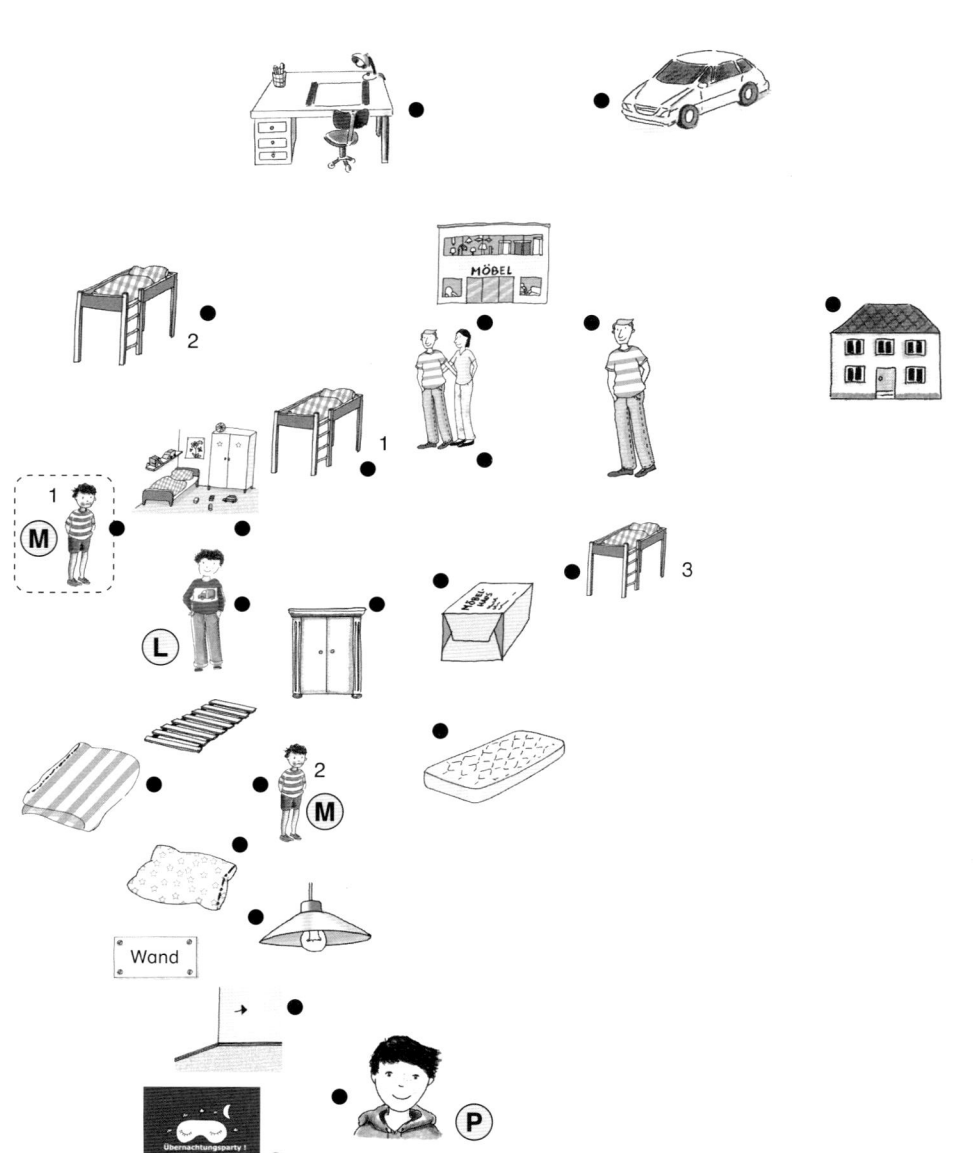

Wand

Christine von Pufendorf: Leseförderung mit Lesespurfiguren
© Auer Verlag

26. Der Flughafen

Name:
_____

Lies dir den Text genau durch. Unterstreiche alle Nomen (Namenwörter).
Verbinde die Bilder in der Reihenfolge der gelesenen Nomen mit einem Lineal.

Familie Meier möchte auf eine Insel fliegen und dort die Ferien verbringen. Der Zug bringt sie direkt zum Flughafen. Voll bepackt nehmen sie die Treppe zur Eingangshalle und suchen den richtigen Flugschalter. Dort geben sie ihre Koffer ab. Dann müssen sie durch die Sicherheitskontrolle. Es piept. Marlene muss ihre Schuhe ausziehen und nochmal durch laufen. Wieder piept es. Nun kommt eine Zollbeamtin und tastet sie ab. Endlich dürfen sie weiterlaufen. Sie kommen an vielen Geschäften vorbei. Durch die großen Fensterscheiben sehen sie draußen ganz viele Flugzeuge, Gepäckfahrzeuge, die Taschen transportieren, einen Tankwagen und sogar ein Feuerwehrauto. Nun dürfen sie endlich ins Flugzeug. Die Mädchen streiten sich um den Fensterplatz, dann heben sie ab. Sonne und Strand können kommen.

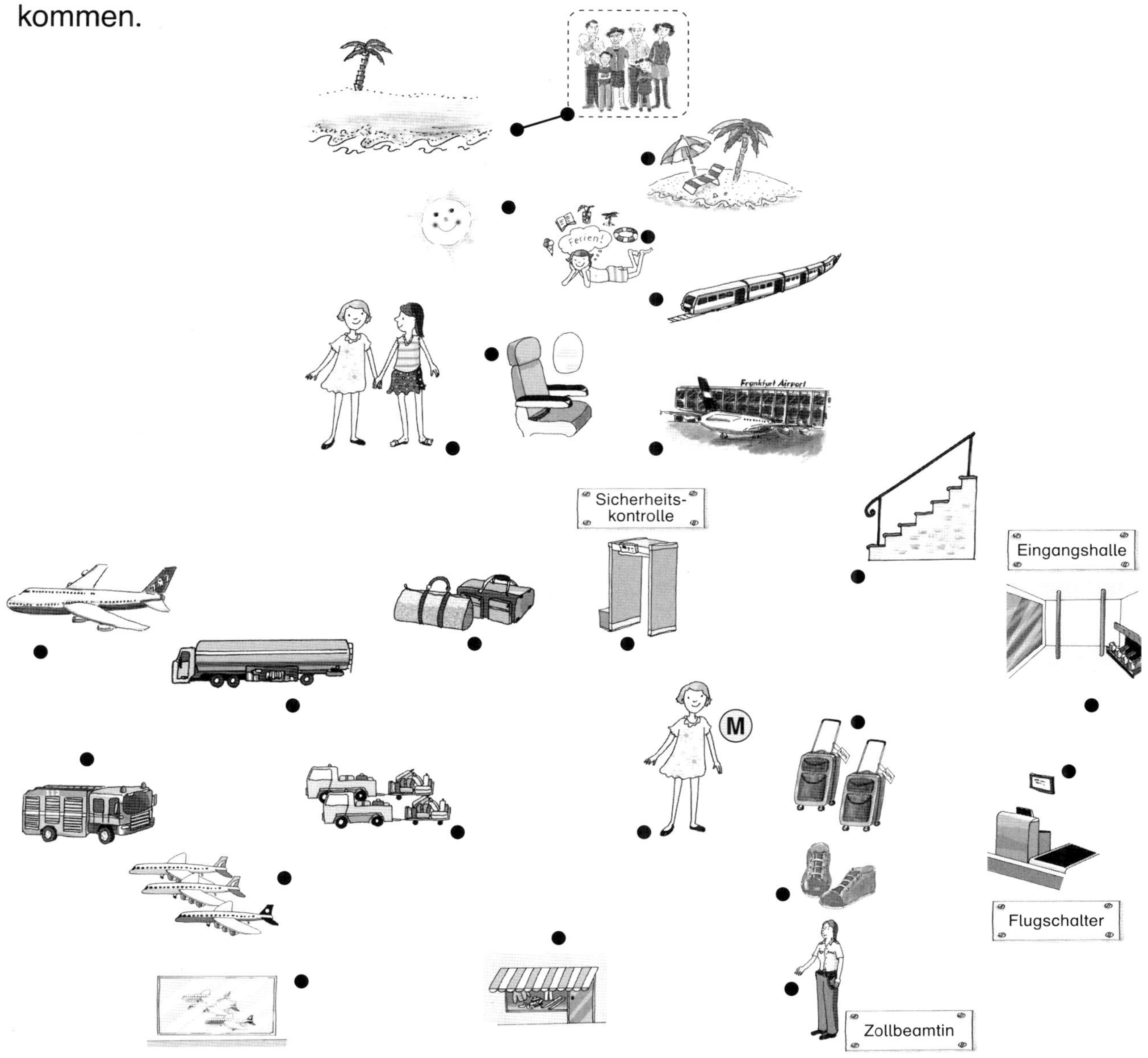

Sicherheits-kontrolle

Eingangshalle

Flugschalter

Zollbeamtin

Name:

_____

 Lies dir die Wörter der Reihe nach durch.
Schreibe die Nummer unten zum richtigen Bild.
Verbinde nun die Bilder mit einem Lineal in der richtigen Reihenfolge.

1. Familie Meier   **2.** die Insel   **3.** die Ferien   **4.** der Zug

5. der Flughafen   **6.** die Treppe   **7.** die Eingangshalle   **8.** der Flugschalter

9. die Koffer   **10.** die Sicherheitskontrolle   **11.** Marlene   **12.** die Schuhe

13. die Zollbeamtin   **14.** die Geschäfte   **15.** die Fensterscheiben   **16.** die Flugzeuge

17. die Gepäckfahrzeuge   **18.** die Taschen   **19.** der Tankwagen   **20.** das Feuerwehrauto

21. das Flugzeug   **22.** die Mädchen   **23.** der Fensterplatz   **24.** die Sonne

25. der Strand

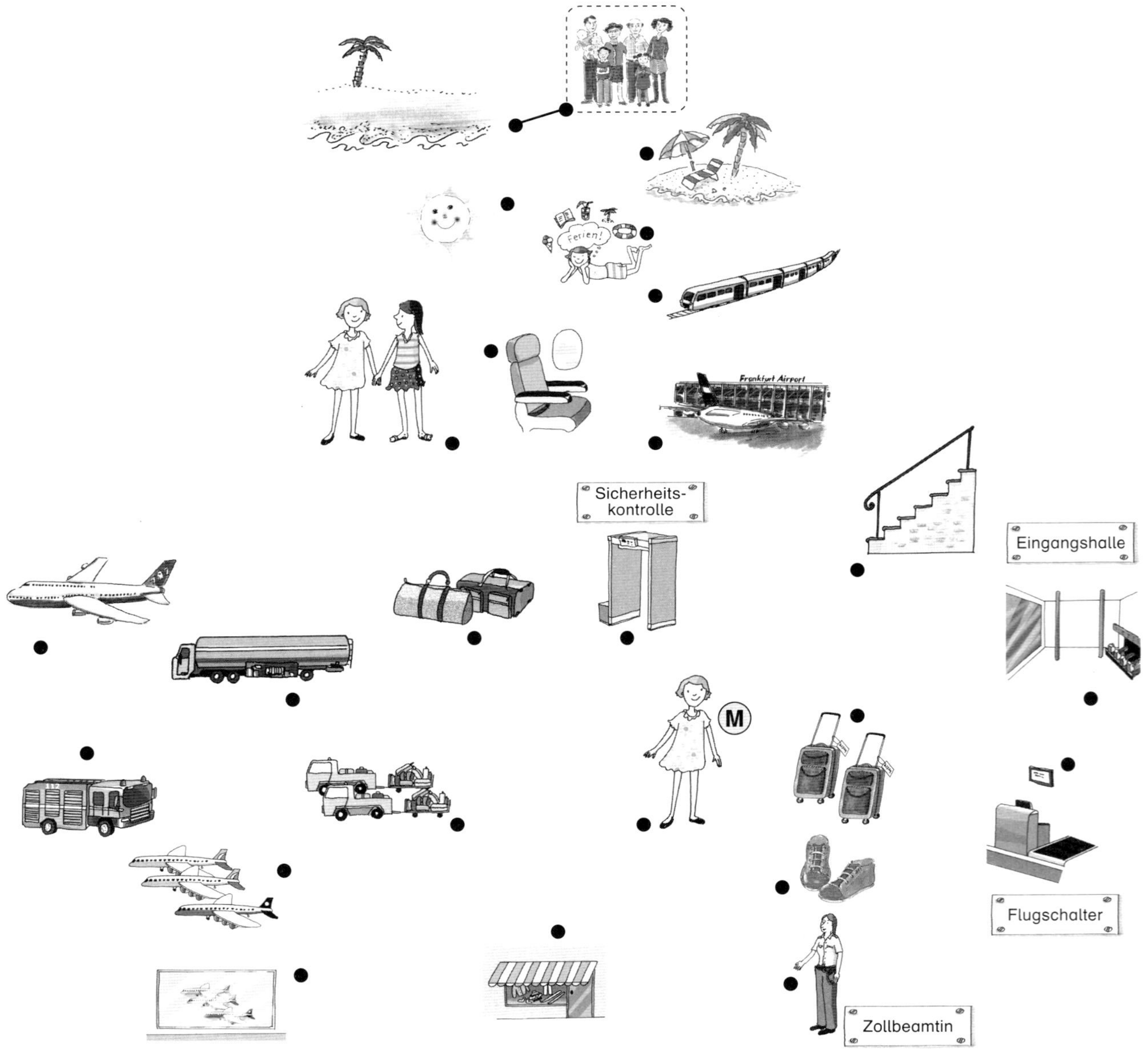

Sicherheits-
kontrolle

Eingangshalle

Flugschalter

Zollbeamtin

27. Die Eisdiele

Name:

Lies dir den Text genau durch. Unterstreiche alle Nomen (Namenwörter).
Verbinde die Bilder in der Reihenfolge der gelesenen Nomen mit einem Lineal.

Luise möchte gerne ein Eis haben. Sie rennt mit ihrer Freundin Hannah zur Eisdiele. Dort ist eine lange Schlange. Ein Mann hat ein Kleinkind auf der Schulter. Ein Mädchen trägt geflochtene Zöpfe. Das sieht hübsch aus. Es ist eine sehr heißer Tag und alle tragen kurze Hosen oder Röcke. Viele Menschen sitzen am nahen Bach und halten ihre Füße hinein. Ist das schön! Manche haben kleine Boote gebaut, die sie an einer langen Schnur durchs kühle Wasser ziehen. Es ist so schön und die Sonne scheint kräftig. Der Verkäufer gibt gerade einem Kind ein Eis mit drei Kugeln.

27. Die Eisdiele

Name:

Lies dir die Wörter der Reihe nach durch.
Schreibe die Nummer unten zum richtigen Bild.
Verbinde nun die Bilder mit einem Lineal in der richtigen Reihenfolge.

1. Luise **2.** das Eis **3.** Hannah **4.** die Eisdiele

5. die Schlange **6.** der Mann **7.** das Kleinkind **8.** die Schulter

9. das Mädchen **10.** die Zöpfe **11.** der Tag **12.** die Hosen

13. die Röcke **14.** die Menschen **15.** der Bach **16.** die Füße

17. die Boote **18.** die lange Schnur **19.** das Wasser **20.** die Sonne

21. der Verkäufer **22.** das Kind **23.** drei Kugeln Eis

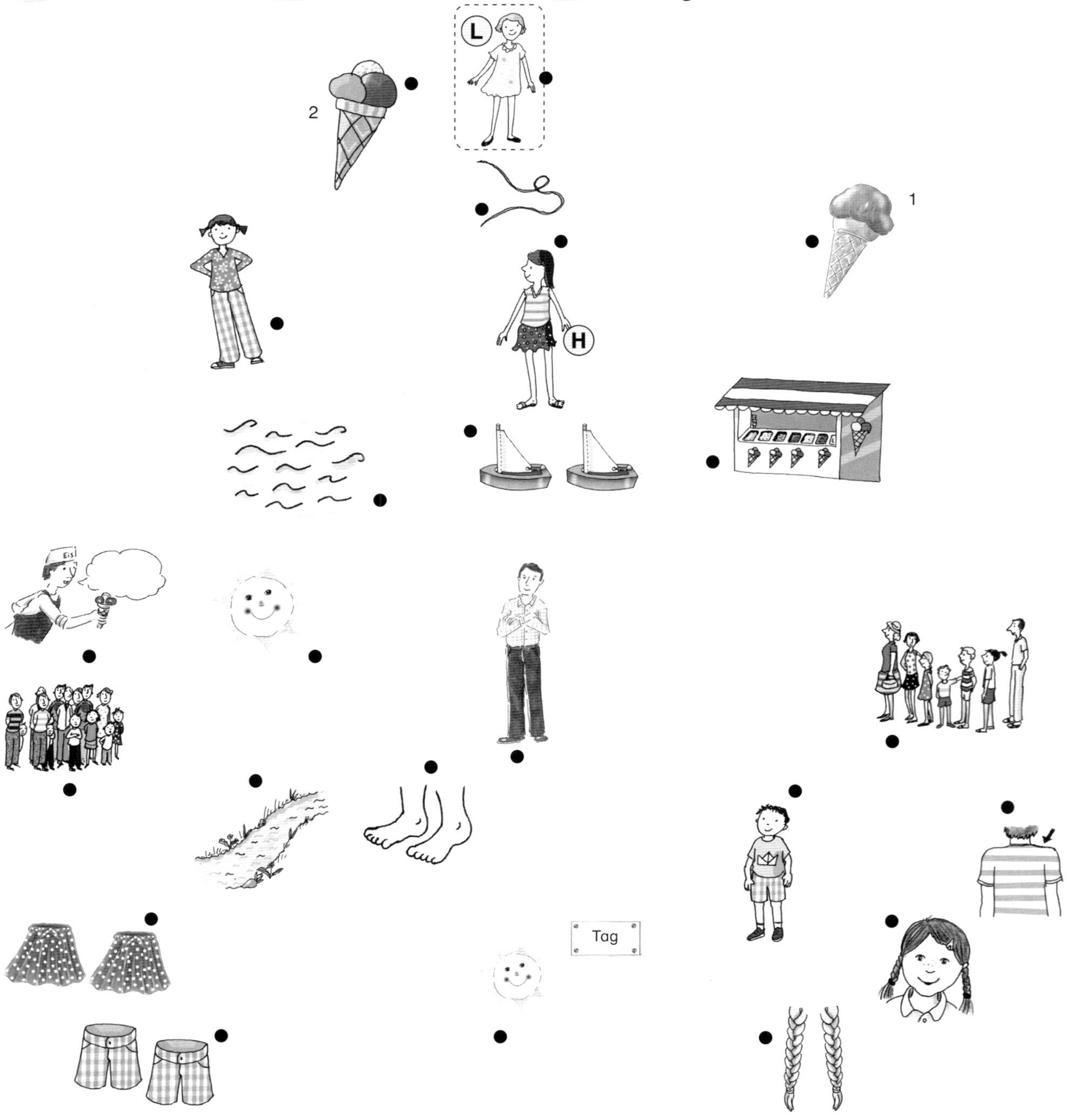

Christine von Pufendorf: Leseförderung mit Lesespurfiguren
© Auer Verlag

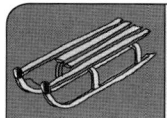

28. Die Schlittenfahrt

Name:

☺ Lies dir den Text genau durch. Unterstreiche alle Nomen (Namenwörter).
💡 Verbinde die Bilder in der Reihenfolge der gelesenen Nomen mit einem Lineal.

Draußen scheint die Sonne am Himmel, aber Nora und Tim liegen immer noch in ihren Schlafanzügen im Bett. Da kommt Mama in ihr Zimmer. Hey, ihr zwei, es ist schon fast Mittag und draußen liegt Schnee. Schnell springen die beiden ins Bad und ziehen sich an. Sie schnappen sich ihre Schlitten aus der Garage und rennen eilig über die Straße zum Hügel hinter dem Haus. Sie fahren immer wieder hoch und runter. Auf einmal fällt der Schlitten um! Nora schreit fürchterlich. Ihr Bein tut schrecklich weh. Schnell fahren sie mit dem Auto ins Krankenhaus. Dort bekommt sie einen Gips, weil ihr Bein gebrochen ist. Dann dürfen sie wieder nach Hause. Hier bekommt sie einen großen Lolli.

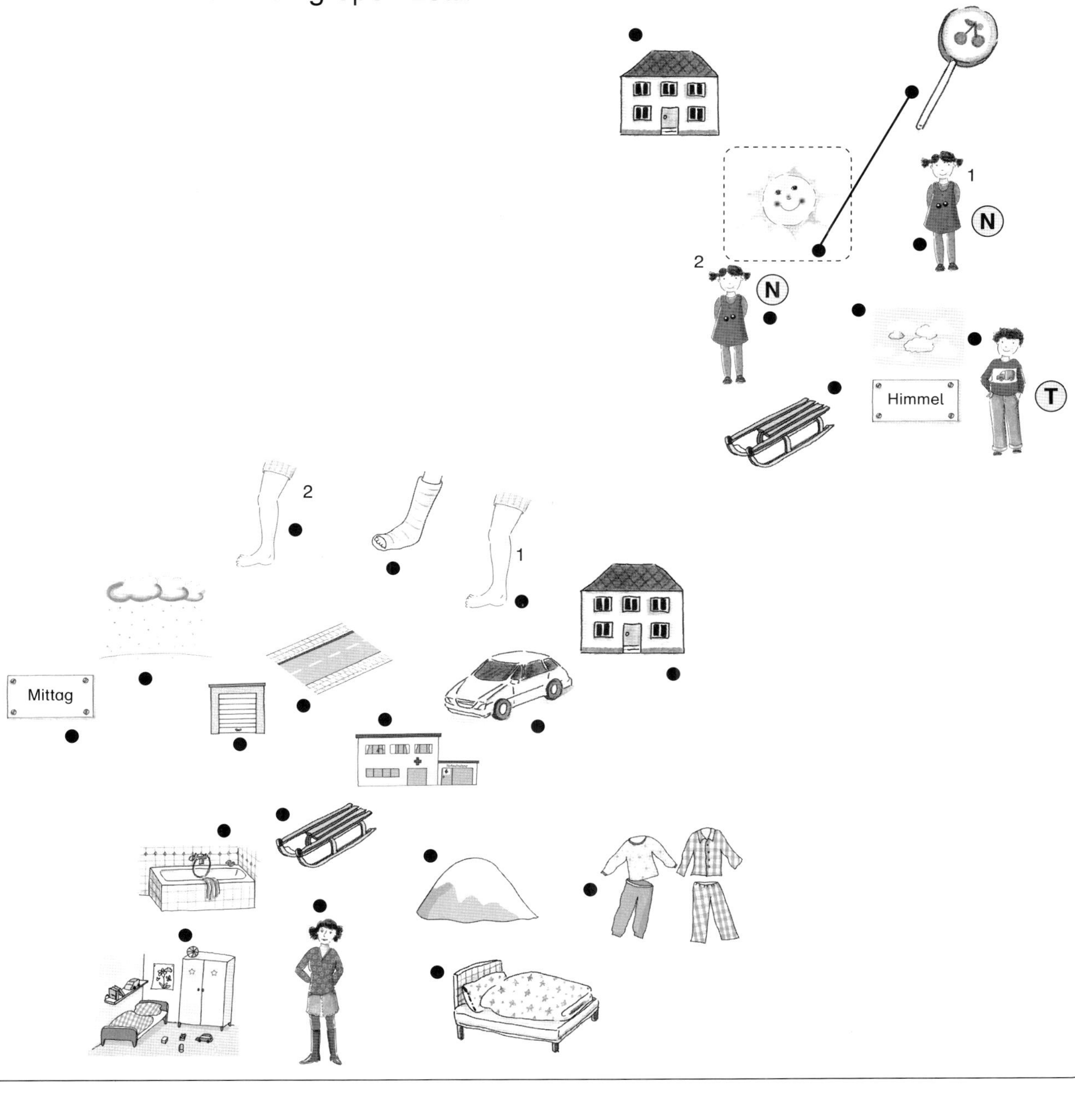

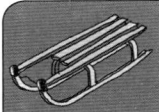

28. Die Schlittenfahrt

Name: _____

Lies dir die Wörter der Reihe nach durch.
Schreibe die Nummer unten zum richtigen Bild.
Verbinde nun die Bilder mit einem Lineal in der richtigen Reihenfolge.

1. die Sonne
2. der Himmel
3. Nora
4. Tim
5. die Schlafanzüge
6. das Bett
7. Mama
8. das Zimmer
9. der Mittag
10. der Schnee
11. das Bad
12. der Schlitten
13. die Garage
14. die Straße
15. der Hügel
16. das Haus
17. der Schlitten
18. Nora
19. das Bein
20. das Auto
21. das Krankenhaus
22. der Gips
23. das Bein
24. nach Hause
25. der Lolli

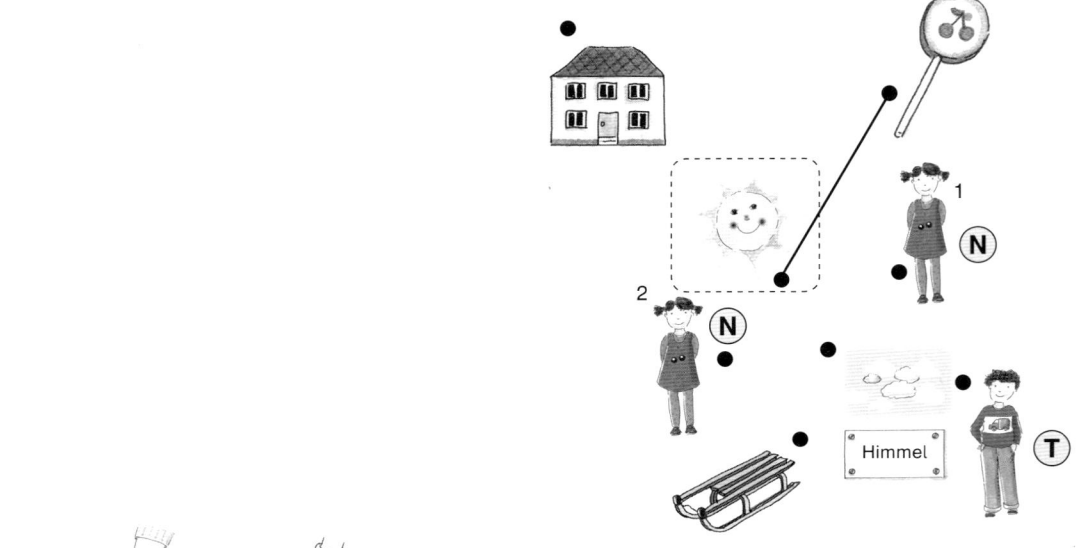

Christine von Pufendorf: Leseförderung mit Lesespurfiguren
© Auer Verlag

29. Die Schulreise

Lies dir den Text genau durch. Unterstreiche alle Nomen (Namenwörter).
Verbinde die Bilder in der Reihenfolge der gelesenen Nomen mit einem Lineal.

Cora macht mit ihrer Klasse eine Wanderung. Sie treffen sich am Schulhaus und laufen los in den Wald. Auf einer großen Wiese kommen sie an einem kleinen Teich vorbei und schließlich bei der Grillstelle an. Die Lehrerin macht ein Feuer. Dann holen die Kinder Würste aus ihren Rucksäcken und grillen sie. Einige Kinder bauen einen Staudamm am Bach, andere essen ihre mitgebrachten Brote. Da entdecken sie eine Drachenhöhle. Ob sie den Drachen sehen können? Plötzlich kommt ein heftiger Regen auf. Es regnet wie aus Eimern. Coras Haare sind ganz nass. Sie hat keinen Regenhut dabei. Schnell rennen alle in die Höhle und warten, bis es wieder schön wird.

Christine von Pufendorf: Leseförderung mit Lesespurfiguren
© Auer Verlag

29. Die Schulreise

Name: _____

 Lies dir die Wörter der Reihe nach durch.
Schreibe die Nummer unten zum richtigen Bild.
Verbinde nun die Bilder mit einem Lineal in der richtigen Reihenfolge.

1. Cora	**2.** die Klasse	**3.** die Wanderung	**4.** das Schulhaus
5. der Wald	**6.** die Wiese	**7.** der kleine Teich	**8.** die Grillstelle
9. die Lehrerin	**10.** das Feuer	**11.** die Kinder	**12.** die Würste
13. die Rucksäcke	**14.** die Schüler	**15.** der Staudamm	**16.** der Bach
17. die Brote	**18.** die Drachenhöhle	**19.** der Drache	**20.** der Regen
21. der Eimer	**22.** die Haare	**23.** der Regenhut	**24.** die Höhle

Christine von Pufendorf: Leseförderung mit Lesespurfiguren
© Auer Verlag

Name:

Lies dir den Text genau durch. Unterstreiche alle Nomen (Namenwörter).
Verbinde die Bilder in der Reihenfolge der gelesenen Nomen mit einem Lineal.

Bei der Feuerwehr ist heute ein Fest. Viele Menschen sind gekommen. Die Kinder dürfen einen Feuerwehrhelm anziehen und sich in ein Feuerwehrauto setzen. Johanna geht zu den Schläuchen. Ein Feuerwehrmann zeigt, wie man ein Feuer löscht. Sie darf einen Schlauch in beide Hände nehmen. Dann spritzt das Wasser los. Sie spritzt mit ihrem Wasserstrahl quer über den ganzen Hof. Ella bekommt einen Schutzanzug an und einen Bolzenschneider in die Hand. Sie darf nun eine Plastikflasche zerschneiden. Die Feuerwehrleute schneiden damit zum Beispiel ein Auto nach einem Unfall auf. Auf einmal geht der Alarm los. Irgendwo brennt ein Haus. Drei Einsatzwagen fahren schnell los, um den Brand zu löschen.

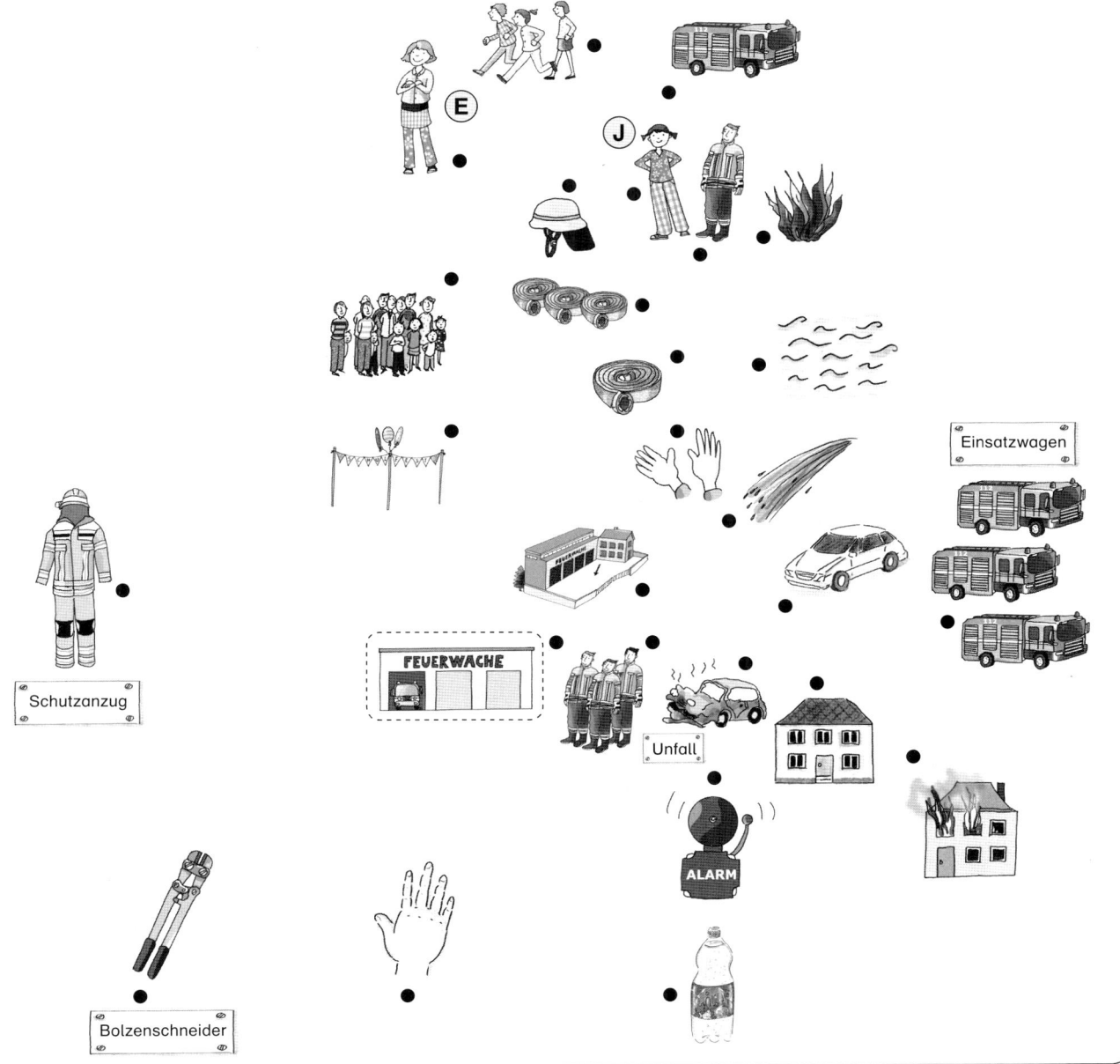

30. Bei der Feuerwehr

Name:

Lies dir die Wörter der Reihe nach durch.
Schreibe die Nummer unten zum richtigen Bild.
Verbinde nun die Bilder mit einem Lineal in der richtigen Reihenfolge.

1. die Feuerwehr
2. das Fest
3. die Menschen
4. die Kinder
5. der Feuerwehrhelm
6. das Feuerwehrauto
7. Johanna
8. die Schläuche
9. der Feuerwehrmann
10. das Feuer
11. der Schlauch
12. beide Hände
13. das Wasser
14. der Wasserstrahl
15. der Hof
16. Ella
17. der Schutzanzug
18. der Bolzenschneider
19. die Plastikflasche
20. die Feuerwehrleute
21. das Auto
22. der Unfall
23. der Alarm
24. das Haus
25. drei Einsatzwagen
26. der Brand

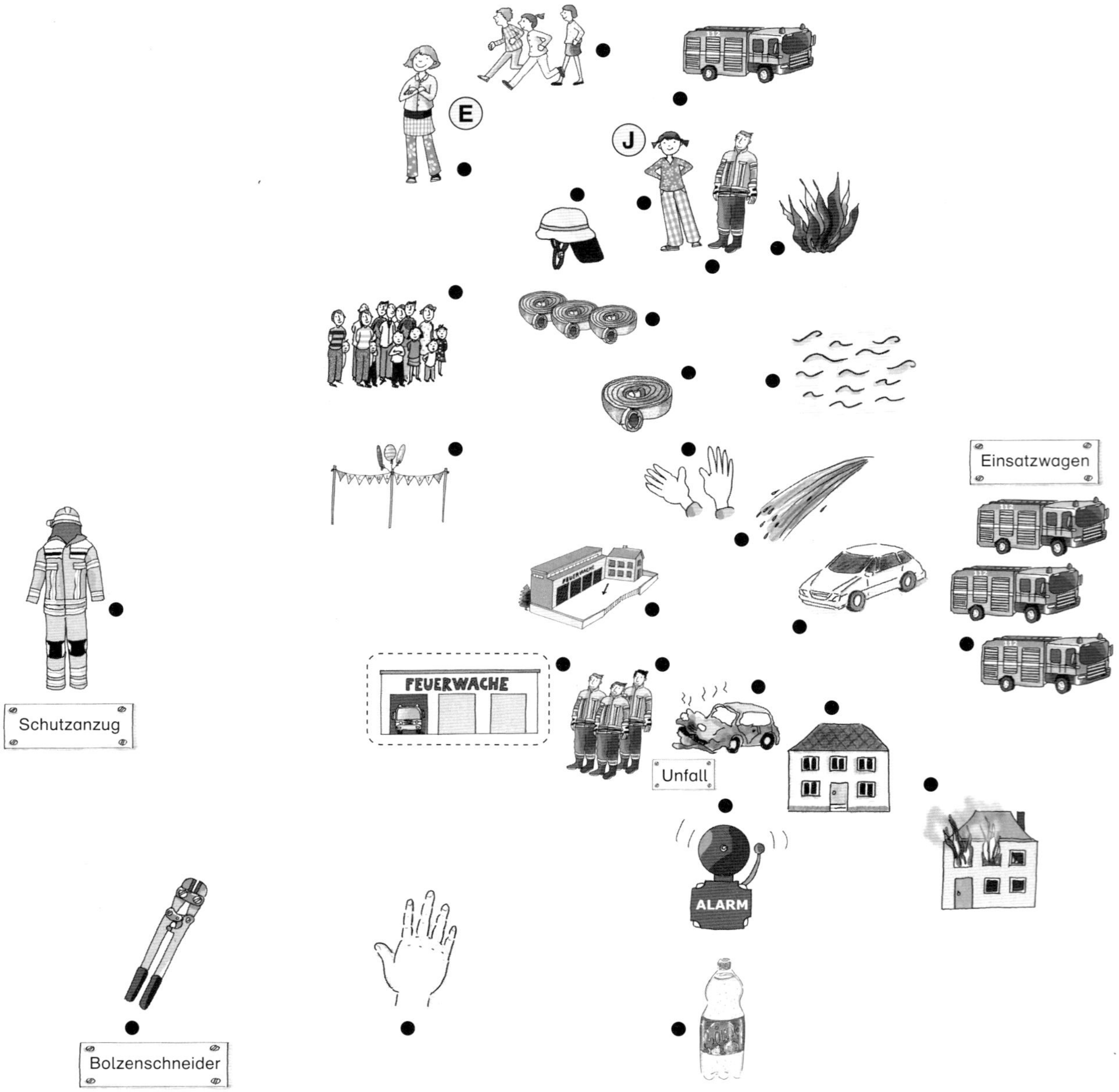

Einsatzwagen

Schutzanzug

FEUERWACHE

Unfall

ALARM

Bolzenschneider

Christine von Pufendorf: Leseförderung mit Lesespurfiguren
© Auer Verlag